高中历史教学设计与效果优化

史桂荣 著

吉林出版集团股份有限公司
全国百佳图书出版单位

图书在版编目（CIP）数据

高中历史教学设计与效果优化 / 史桂荣著. --长春：
吉林出版集团股份有限公司，2020.3
ISBN 978-7-5581-8217-4

Ⅰ. ①高… Ⅱ. ①史… Ⅲ. ①中学历史课－教学研究
－高中 Ⅳ. ①G633.512

中国版本图书馆 CIP 数据核字（2020）第 051045 号

高中历史教学设计与效果优化
GAOZHONG LISHI JIAOXUE SHEJI YU XIAOGUO YOUHUA

著　　者	史桂荣	
责任编辑	冯　雪	
封面设计	崔　蕾	
出　　版	吉林出版集团股份有限公司	
发　　行	吉林出版集团社科图书有限公司	
电　　话	0431－81629712	
印　　刷	三河市铭浩彩色印装有限公司	
开　　本	787mm×1092mm　1/16	
字　　数	227 千	
印　　张	17.5	
版　　次	2021 年 3 月第 1 版	
印　　次	2021 年 3 月第 1 次印刷	
书　　号	ISBN 978-7-5581-8217-4	
定　　价	65.00 元	

前　言

　　历史教学在学校教学与国民教育中均具有重要的地位和作用,博古通今,有助于个人增长知识和智慧,更有助于个人正确价值观与世界观的建立。当前新时期,要建立文化自信、培养和提高作为社会与民族未来接班人的学生群体的历史意识与强国责任,就必须重视历史教学。

　　在高中学校教育中,历史是一门非常重要的学科。进行科学历史教学设计,优化历史教学效果对高中生的考试与升学具有显著增效作用,有助于高中生历史意识和思维的养成,更有助于帮助高中生认清历史事实、建立家国情怀、树立科学的社会观与价值观。基于此,特撰写《高中历史教学设计与效果优化》一书,旨在为现代高中历史教学的科学开展与高效优质提供理论指导与实践参考,以不断完善高中历史教学,培养优秀的国家与社会接班人。

　　全书共八章,从教学设计角度结合历史教学特点进行了教学研究,为历史教学优化提供了理论与实践指导。在内容结构安排上,第一章为高中历史教学概述,系统阐述了高中历史的发展及高中历史教学的目标、任务、本质、意义,并对现代高中历史教学理论与理念进行了解析;第二章为高中历史教学设计发展性研究,在简述教学设计理论的基础上,重点就高中历史教学学情进行分析,详细论述了高中历史课程教学核心要素设计,指出了高中历史教学未来发展趋势与需求;第三章为核心素养视域下的高中历史教学设计,系统回顾与解析了高中历史素质教育、三维目标与核心素养演变的逻辑思路,对如何建立高中历史教学多维历史观进行了阐述，并为现阶段促进学生历史学科核心素养实现的有效教学设计进行了研究，对新时期通过开展历史教学提高学生的历史学科素养与全面发展具有积极意义；第四章为教学信息化背景下的高中历史教学设计，研究了当代教育信息化背景下的高中历史教学设计，指出了新时期高中历史多媒体教学、网络教学、微课教学、课堂教学情境创设与影视教学的具体设计，对于历史教师有效运用现代技术完善历史教学，使历史教学体现出时代特点具有重要指导作用；第五章为高中历史教学效果影响因素与优化策略，重点分析了高中历史教学效果影响因素，并据此提出了可操作化的高中历史教学效果优化策略；第六章为高中历史教学效果的具体优化措施，提出从教学内容、教学方法、教学模式、教学环境等方面进行优化以提升高中历史教学效果，旨在为历史教师优化历史教学过程获得良好教学效果提供参考；第七章为高中历史科学化教学评价研究，研究了高中历史教学评价的目的、依据、主体、内容与方法，并就如何评价进行了探索；第八章为高中历史教师专业素养构成与提升，分析了历史教师在历史教学中的作用与地位，系统论述提升新时期高中历史教师专业素养的路径，对历史教师自我提升与历史教学优化有着重要指导与启发意义。

本书是一本有关高中历史教学的科学学术著作，在撰写过程中突出了以下几个特点。

第一，科学严谨。本书以历史教学为研究对象，对教学设计与教学优化的研究建立在历史学科、教育学理论知识分析研究的基础之上，并涉及历史教学体系的各要素、各环节，科学、系统、严谨。

第二，亮点突出。本书第二章至第四章从教学设计理论、历史学科核心素养、历史教学信息化改革与完善等方面进行了深入分析，是新时期对高中历史教学完善与发展的审视，是本书的亮点章节，对历史教学与新时期素质教育的融合是一种科学探索。

第三，指导性强。本书的第五章至第七章从历史教学的多个角度与层次对教学设计与优化操作进行了研究,对历史教学参考,完善历史教学设计具有重要指导作用。

第四,时代性强。历史教学基于历史史实实施人文教育,教学应与社会和时代发展相结合,本书第四章对当前教学信息化背景下的历史教学设计进行了研究,体现出了高中历史教学发展应与社会和时代发展相结合的教学要求,体现出历史教学的时代性特点。本书第八章对当前高中历史教师的专业素养构成与提升进行了研究,对督促和启发历史教师不断学习、不断自我提升,与时俱进提供了启发与指导。教师作为影响历史教学效果的一个重要因素,教师素质的优化与提升,有助于从根本上完善当前我国高中历史教学。

在撰写过程中,为力求系统与完善,本书汲取、参考了众多专家、学者的研究成果,在此表示衷心感谢。由于水平及时间所限,书中难免存在不妥之处,恳请广大读者批评指正。

作　者
2019 年 12 月

目　录

第一章　高中历史教学概述

正所谓"博史通今",学习历史和了解历史有助于人们把握历史发展规律,了解历史事件的是非曲直,借鉴历史经验,吸取历史教训,建立正确的历史观、价值观,能端正历史态度,明晰历史事实,并在当下的社会生活和社会文化建设中少走弯路。历史具有重要且多元的教育功能,历史教学是学校教学的重要内容,在高中教学中,历史是一个非常重要的学科,学校教育教学工作者与在校学生都应该重视高中历史课程的教与学,以丰富历史知识、增长人生智慧。本章重点就高中历史教学的基本理论知识进行阐释分析。

第一节　历史课程界定与教学历程

一、历史课程界定

(一)课程

英文"课程"(curriculum)一词,最早源于希腊文"currere",意为"跑马道",隐喻"一段教育过程",后来被引申为学业进程或教学进程。联合国教科文组织将"课程"定义为"在某一特定学科或层次的学习的组织"。

据考证,汉语"课程"一词早在唐代就已经出现,唐代学者孔颖达在《五经正义》中为《诗经·小雅》注疏中有"以教护课程,君子监之,乃得依法制也"之句,但"课程"不具有教育学上的含义。宋代朱熹在《朱子全书·论学》中有"小立课程,大作工夫"等句,"课程"含义指功课及有意义的学习活动,与现代人对课程的理解基本相同。

1918年,美国学者博比特(F. Bobbit)出版《课程》一书,课程作为一个独立研究领域正式诞生。

目前,关于"课程"概念,学术界尚未有统一文字界定,在《简明国际教育百科全书·课程》中,关于"课程"的定义就多达9种。

我国对"课程"概念的研究比国外晚,不同的学者对"课程"概念的研究侧重角度不同,因此,对"课程"概念的定义有多种不同的描述。在20世纪80年代,我国教育界对课程的概念定义主要有以下三类观点。

(1)课程是知识。这种观点认为,学校课设各学科课程,根据学习者的认知水平编写教材开展教学活动,使学习者掌握一定的知识。

(2)课程是经验。这种观点认为,课程从学习者的角度出发和设计,与学习者的经验与实际情况相联系,学习者通过课程学习获得一定的经验。

(3)课程是活动。这种观点认为,课程作为知识、经验具有局限性,课程是受教育者各种自主活动的总和。学习活动是人的心理发生、发展的基础,课程学习强调全面性。

现代一般认为,课程概念有广义和狭义之分,广义的课程是指学校为实现培养目标而选择的教学内容及其进程的总和;狭义的课程是指某一门学科,如历史学科课程。

课程对于不同主体来说,含义不同。

(1)对学校来说,课程是各项学科的进度安排。

(2)对教师来说,课程是学科教学的教学目标、内容、活动方式的总体规划与设计。

(3)对学生来说,课程是所学的学科内容。

（二）历史课程

历史课程有广义和狭义之分,具体概念阐述如下。

广义的历史课程是指学校教育中为学生提供和重建人类历史知识和历史经验的总和。

狭义的历史课程是指历史学科和历史活动的总和,包括历史教学计划、历史教材、历史教学活动等。[①]

历史课程以历史学科知识为基础,根据学习对象的不同对学习水平进行知识重组,以唯物主义历史观、科学教育观理论为指导,以现代学科课程标准为依据,根据学校课程计划来设计与编选教学内容,并组织开展教学活动,学生通过历史课程的学习,了解历史人物、历史事件、历史事实,并掌握社会发展规律、社会道德与民族精神,树立正确的价值观与道德和思想观念。

历史课程是一个整体概念,内涵丰富。历史课程的构建离不开历史学科,历史学科是历史课程的一个重要资源,二者相互联系,相互区别。

二、我国历史课程的教学历程

发展到现在,我国学校历史课程的设置与改革走过了一百余年的历程,历史课程在学校课程中的地位和作用日趋凸显。研究学校历史课程的沿革,可以为推动新一轮历史课程改革提供借鉴、启迪。

（一）我国古代历史教学

1. 先秦我国历史教学发展

我国开展历史教学的时间最早可以追溯到原始社会时期,只

---

① 朱汉国,郑林．新编历史教学论［M］．上海:华东师范大学出版社,2008.

是这一时期还没有历史课程系统教学活动的出现,历史教学还没有形成规模。

夏商时期,我国有了专门的教育场所"庠""序","庠""序"等不同规模大小的学校中,主要用于培养奴隶主贵族子弟,是培养统治阶级接班人的重要教育教学场所,这一时期开展的学校教学内容非常丰富,史官就是历史教师,从事历史课程教学。

东周时期,私人讲学、办学之风兴起。学校教育由奴隶制的"为政尚武"向新兴地主阶级的文武兼学、文武分途转化。

春秋时期,我国各诸侯国都设有史官,并出现了编年史书,详细记载了各诸侯国的历史事实,这一时期出现的各种史书,具体编排形式不同,如有根据时间编排的历史事实,有以人物展开的历史事实,但无论是哪一种形式,这一时期的史书所记载的历史事实都非常真实,而且比较客观。编年史书可以看作是我国最早的历史教材。我国著名的教育家孔子,也是我国历史上最早的历史教材编订者。

2. 秦朝至清朝我国历史教学发展

战国以后,我国历史进入封建社会。

秦王朝统一六国,实现了我国历史上第一次大一统,秦王朝非常重视对民众的历史和文化教育,这与秦统治者需要稳固统治,防止百姓反抗的政治需要有密切的联系。

秦汉以来,中国古代封建社会制度形成,学校教育以"六经"为主,重文轻武,偏重德育、智育。

魏晋南北朝时期,"玄学""清谈"之风盛行,重文轻武的教育思想进一步发展,"五经"一直是学子必读的课程,"六经皆史""经史不分",习经,即读史。

南朝的宋文帝非常重视本朝的教育,在京师设立玄、儒、文、史四个专科学校,自此,历史从经学中独立,成为一门独立的课程。

唐以后的科举考试中,历史课程占有相当的分量。

五代开始,我国出现了新的教育机构——书院,《史记》《汉书》《后汉书》(即"三史")被列为书院学生的必学课程。辽、金、元时期,亦特别重视历史课程。明朝规定,国子监必设"史学"课程。

3. 清朝我国历史教学发展

清代非常重视文化教育,清朝的很多书院都有明确的教学规定,要求学生需学"史学",记日记,由学长评阅指点。

1901 年,清政府实行"新政",在教育改革方面,开始废科举,设立新学堂,制定新学制。

1902 年,清政府颁布《钦定中学堂章程》,规定中小学设"史学"一课。

1904 年,清政府颁布《奏定中学堂章程》,建立起我国第一个近代化的新学制,史称"癸卯学制",标志着我国近代学校教育的开始,"中外史学"改为"历史","历史"成为近代我国学校的正式独立课程。《奏定中学堂章程》规定,历史课程包括三门,即中国史、亚洲各国史和欧洲美洲史,教学内容丰富,各有侧重(表 1-1)。通过历史课程内容教学,旨在培养学生掌握历史事实,历史发展规律,能"辩文化之由来,省悟强弱兴亡之故,振发国民之志气"。[①]

表 1-1　清《奏定中学堂章程》规定的历史课程教学内容

教学内容	教学内容明细	教学要求
中国史	忠良贤哲之事迹 学术技能之隆替 武备之弛张 政治之沿革 农工商业之进境 风俗之变迁	增强学生民族自豪感、民族兴亡使命感

---

① 陈辉. 论清末普通中学历史课程设置[J]. 四川师范学院学报,1991(3):36-41.

续表

教学内容	教学内容明细	教学要求
亚洲各国史	各国事实沿革	详日本及朝鲜、安南、暹罗、缅甸,略余国 详近代略远年 详东方诸国受侵危局
欧洲美洲史	欧美诸国事实沿革	讲古今历史重要事宜 上古不多讲 详大国略小国 详近代略远年 详50年以内事 详近世者略古事者

　　清政府在颁布《奏定中学堂章程》的基础上,颁布《奏定高等学堂章程》,这两个文件对当时的初中历史教育和高中历史教育的教学进度、教学课时安排做了详细规定(表1-2)。

表1-2　清朝各级学校历史课程教学安排

文件	《奏定中学堂章程》	《奏定高等学堂章程》
适用学校	中学堂(初中)	高等学堂(高中、大学预科)
教学阶段安排	第一学年:中国史 第二学年:中国史及亚洲各国史 第三学年:中国史及亚洲各国史 第四学年:东西洋各国史 第五学年:东西洋各国史	第一学年:中国史 第二学年:亚洲各国史 第三学年:西洋各国史
教学课时安排	第一学年:3课时/周 第二学年:2课时/周 第三学年:2课时/周 第四学年:2课时/周 第五学年:2课时/周	每学年每周均3课时

　　清朝政府所颁布的教育教学政策,在当时对促进我国学校教学发展、完善我国学校教学内容体系,具有促进意义,使得我国当

时的学校历史教育有了明确的正式的政府文件指导,只是落实情况并不尽如人意,但为我国之后的学校历史课程教学开展提供了参考先例。

(二)我国近代历史教学

近代,我国开始实行新的教育制度,历史也随之成为近代学校的一门正式课程。

近代,西方国家以武力打开我国的国门,我国的学校教育中一些新的课程开设,作为学校传统课程,历史课程教学在国家内忧外患的大背景下更加受到重视,在近代的不同当局者所统治的地区,历史教学都是学校的必修课程。

近代的洋务学堂,如京师同文馆、上海广方言馆、湖北自强学堂等几乎都开设了历史课程,详细划分为中国史、外国史两门。

近代的维新学堂,如万木草堂、时务学堂、通艺学堂等也设置了历史课程,增设"世界史地""泰西近史"等课程。

这一时期,我国学校历史课程教学具有学科综合性特点,与其他学科的教学的联系性较强,并有具体的学科课程内容划分。这为之后我国的历史教学课程内容体系构建奠定了教学基础。

清朝灭亡以后我国的近代学校历史教学课程发展分析如下。

1. 南京临时政府中学校历史教学

1912年1月,南京临时政府教育部将"学堂"改为"学校",中学学制四年,历史课程教学设置如下。

(1)第一学年:开设本国史。

(2)第二学年:开设本国史、东洋史。

(3)第三学年:开设西洋史。

(4)第四学年:开设世界近代史。

1912年12月,南京临时政府教育部公布《中学校令施行规定》,男子中学校和女子中学校每学年均设历史课程。

1913年3月,南京临时政府教育部公布《中学校历史课程标准》,中学历史教学课程设置有了以下新的变化。

(1)第一学年:开设本国史(上古、中古、近古)。

(2)第二学年:开设本国史(近世、现代)。

(3)第三学年:开设东亚各国史、西洋史。

(4)第四学年:开设西洋史,每周均为2课时。

总的来说,这一时期,我国学校中学历史课程比较简单,没有具体规定各阶段(如上古、中古、近古)教学时间分配,只规定了课程和课时,对历史教学体系所涉及的其他要素,如教材、教学方法、教具选择、教学模式、教学环境等没有细致的规定。

与清末中学堂的历史课程相比,南京临时政府时期的中学历史教学的课程教学目标以培养民主共和国精神为目的,历史教材"对中华民国成立后几年的历史叙述尤详,举凡民国政体、军制、学术、教育、宗教、民族,皆有专述",南京临时政府的政治统治目的是一致的。

2. 北洋军阀政府时期中学校历史教学

北洋军阀政府统治时期,进行了中学历史教学改革。

1922年,北洋军阀政府进行学制改革,颁布"壬戌学制",确定了小学、初中、高中的"六三三"学制,规定各级学校开设历史课,教授中国史和世界史,中学历史课程每周8课时,8学分,属于综合课程教学。

高级中学将"文化史"列为公共必修课,6学分,把本国史(6学分)、西洋近代史(4学分)列为文科选修课,并对中外历史教学内容的比例进行了规定,要求通过历史教学,学生正确了解本国文化,对外国历史有大概的了解。

初级中学的历史课程属社会科,高级中学的历史课程分为必修课和选修课,这样的课程设置受美国学校历史课程设置影响,五四运动前后,我国大批留美学生回国,实用主义课程论传入我国,这样的课程设置模式一直延续到新中国成立。

值得一提的是,这一时期的历史教学,只强调教师的主导、知识的传授,不考虑学生的需要与可能,在当时具有一定的进步意义,同时,也具有片面性和局限性,因此,1928 年以后,中学历史课程教学进行了重新修订。

3. 南京国民政府时期中学校历史教学

20 世纪 30 年代,日寇入侵,在政治形势发生变化的背景下,南京国民政府多次修订中学历史课程。

1929 年,中学历史课程教学实行学分制,初级中学历史占 12 学分,仅次于国文、外国语、算学和自然科;高级中学中外历史各占 6 学分,仅次于国文、外国语、数学。

1932 年,高级中学历史教学增加了课时,高一和高二每周 3 课时,以完成"升学"目标。

1936 年,南京国民政府减少其他各门功课的课时数,历史、地理课时未作修改。

1940 年,国民政府修订中学历史课程教学,初中各年级设历史课程,每周 2 课时;高级中学历史教学,第一、第二学年讲授本国史,第三学年讲授外国史,每周 2 课时。

(三)我国现代历史教学

我国现代中学历史教学发展大体趋势是在曲折中发展,具体可以分为如下七个发展阶段,不同的发展阶段进行了不同特点的历史课程教学改革。

1. 第一次改革(1950 年)

新中国成立之初,我国中学历史课程教学以内容为突破点进行了一系列改革,奠定了新中国中学历史课程内容框架。

1950 年,我国借鉴以往历史课程结构设置,中学历史课程设置采取先中后外、螺旋上升、逐步加深的办法,从初一至高三开设中外史,高二时增设中国新民主主义革命史,每周 3 课时。

1951年秋季起,初一历史课程教学选用老解放区使用的叶蠖生编的《中国历史课本》,高一历史课程选用范文澜编的《中国通史简编》,高二历史课程选用胡华编的《新民主主义革命史》,坚持以马克思主义唯物史观阐明历史,强调历史教学中的爱国教育。

2. 第二次改革(1953年)

1953年,我国进入第一个五年计划建设时期,百端待理,在社会建设各方面全面学习苏联的经验。

1953年,教育部成立历史教学问题委员会,1953年秋,历史课程原有的"先中后外"变成了"先外后中","中国史多、外国史少"的历史课程教学内容比例也发生了变化,改为中外史内容各占一半。

这一时期,对苏联的中学历史课程设置的学习解决了我国中学历史课程设置缺乏经验的问题,但也存在一定的不足,例如,苏联的历史课程采取的是十年一贯制,小学、初中、高中不分段,历史教学从古至今直线上升,而我国分初中、高中两个教学阶段,在历史教学中也采取从古至今的教学内容安排方法,会导致很多初中毕业、没有升入高中的学生没有机会了解和学习中国近现代史和世界现代史。针对这种情况,我国再次进行了历史教学改革。

1956年,在新的历史教学改革下,初中和高中历史课程教学设置如下。

(1)初一:开设中国历史,每学期51课时。

(2)初二:开设中国历史,每学期51课时。

(3)初三:开设世界历史(古代、中世、近代、现代),第一学期54课时,第二学期48课时。

(4)高一:开设世界近代史(68课时)、世界现代史(34课时)。

(5)高二:开设中国古代史,每学期51课时。

(6)高三:中国近代史(鸦片战争至五四运动)、中国现代史(五四运动至新中国成立),每学期51课时。

新历史教学改革,在教学内容上兼顾了学生了解与学习历史知识的需要,同时兼顾了学生升学的需要,课程内容设置更加合理。

3. 第三次改革(1959 年)

自 1958 年起,中苏关系恶化,教育的"苏化"被全盘否定,我国在教育理论与实践上开始"关门闭户",在"教育为无产阶级政治服务,教育与生产劳动相结合"的教育方针指导下,1959 年进行了历史课程教学改革,具体改革措施如下。

课程设置方面:压缩课程,高中只设中国现代史和世界现代史两门课程,每周 2 课时。

课程实施方面:过分强调社会实践,用所谓"辩论课""现场课""访问课"等代替正规课堂教学。

课程内容方面:强调"人人动手,自编自用",历史课程教学变成了冶炼史、植棉史、厂史、阶级斗争史及相关实验课,对教材进行不恰当删减。此外,历史教学中大量引入领导者的语录教学。

4. 第四次改革(1963 年)

1963 年,在以往历史教学的基础上,教育部进行了大规模的历史课程教学改革,改革内容如下。

(1)初二:开设中国古代史,共计 99 课时(含复习)。

(2)初三:开设中国近代现代史,共计 92 课时(含复习)。

(3)高三:开设世界历史(古代史、近代史、现代史),共计 100 课时(含复习)。

此外,高中历史教学在强调学生学好历史必修课的基础上,开设历史选修课,这是我国学校历史教学首开选修课,具有重要的进步意义,但是受历史教学条件所限,只在少数学校进行了实施。

5. 第五次改革(1978 年)

1977 年,教育部确定中小学教育教学的十年制学制。

1978 年,教育部制定《全日制十年制中小学教学计划(试行草案)》,规定学制为小学五年,中学五年(初中三年,高中两年)。在历史课程教学上,进行了以下教学改革。

(1)初中二三年级和高中一年级设置历史课程教学。

(2)初二:开设中国古代史,每周 2 课时。

(3)初三:开设中国近代史,中国现代史,每周 2 课时。

(4)高一:开设世界历史,第一学期每周 2 课时,第二学期每周 3 课时。

1978 年,教育部颁布了《全日制十年制学校中学历史教学大纲(试行草案)》,在 1980 年进行了修订再版,并据此编写初高中历史教材共计 6 册。

1981 年,初高中历史教材改为"初级中学课本"和"高级中学课本"。

6. 第六次改革(1981 年)

我国刚刚"拨乱反正"后,各地教育水平参差不齐,在高中不设置中国历史课程教学,会导致高中毕业生与初中毕业生的历史知识水平毫无差别,没有进步,这与当时面临学校教育培养"四个现代化"人才的要求不符,新一轮的教学改革势在必行。

1981 年,教育部颁发了《全日制六年制重点中学教学计划(试行草案)》和《全日制五年制中学教学计划(试行草案)修订意见》,对学校历史教学改革如下。

(1)初一:开设中国古代史,每周 3 课时。

(2)初二:开设中国近代史、中国现代史,每周 2 课时。

(3)高一:开设世界历史,每周 3 课时。

(4)高中二三年级设选修课。

与之前的历史课程教学相比,历史课程总课时数有所增加,历史课程在学校教育教学中更加受到重视。此外,在高中设置历史选修课对我国历史课程及我国以后学校历史教学影响深远,其不仅适合重点中学,对一般中学也具有指导意义。

7. 第七次改革(1986 年)

1986 年 4 月 12 日,全国人大通过了《中华人民共和国义务教育法》,我国正式普及义务教育。

1986 年 10 月,国家教委颁发了《义务教育全日制小学、初级中学教学计划(试行草案)》(此后修订为"课程计划"),将全部课程分为两大类:学科类和活动类,颁布施行配套《九年制义务教育全日制初级中学历史教学大纲(初审稿)》。

1990 年至 1993 年,国家教委颁布《现行普通高中教学计划的调整意见》《关于在普通高中开设选修课的意见》,普通高中历史课程教学进行了如下改革。

(1)世界历史课改为世界近代史、现代史必修课。

(2)增设中国近代史、现代史必修课。

(3)增设分科性的中国古代史选修课。

1996 年,国家教委依据《中国教育改革和发展纲要》颁布施行了与九年义务教育课程方案相衔接的《全日制普通高级中学课程计划(试验)》。同年 6 月,颁布配套的《全日制普通高级中学历史教学大纲(供试验用)》,从次年(1997 年)开始执行新历史课程教学。

我国第七次历史课程改革是在贯彻"三个面向"、实现"普九"、提高全民素质的背景下进行的。经过改革,高中历史课程更具有多元化,历史课程教学在学校教学的比例中有所增加,历史课程内容编写初步实现"一纲多本",历史教材审查由"国定制"向"审定制"转变。

(四)21 世纪我国历史教学

2000 年 1 月,教育部颁发《全日制普通高中课程计划(试验修订稿)》,与其配套的《全日制普通高级中学历史教学大纲(试验修订版)》重新设置高中历史课程,包括历史必修课程和选修课程两类。

2000 年、2002 年,教育部颁布和重新修订的初、高中历史教学大纲,重新审定初、高中历史教科书,更加重视历史教学的素质教育。

2001 年 6 月,国务院召开全国基础教育工作会议,做出了《关于基础教育改革与发展的决定》。同年,教育部颁布《全日制义务教育历史课程标准(实验稿)》。2001 年 9 月,义务教育课程设置基本完成,9 月后进入实验阶段,七～九年级阶段分别编订了"分科"和"综合"两套课程(表 1-3)。

表 1-3　义务教育实验阶段课程设置

年级	国家课程门类									
					社会 3	科学 4				地方与学校自主设置的课程和活动(各年级平均4课时/周)
七年级	政治思想 2	综合实践 3	语文 4	数学 4	地理 2 历史 2	生物 3	外语 4	体育与健康 2	艺术 2	
					社会 3	科学 4				
八年级	政治思想 2	综合实践 3	语文 4	数学 4	地理 1 历史 2	生物 2 物理 2	外语	体育与健康 2	艺术 2	

注:本表包括两套课程方案,在课程开展实际过程中,各地具体实施方案可能与本表有所出入。

2003 年,教育部颁布《普通高中历史课程标准(实验)》,确立了高中历史新课程理念、新课程体系、新内容标准、新评价体系。

2004 年 9 月,高中历史新课程先后在我国部分地区实施(表 1-4),截至 2007 年底,全国共有 15 个省(市、区)实施高中历史新课程改革。

表 1-4　2004 年普通高中新课程实施方案

学习领域	科目	模块
语言文学	语文	语文(1－5)＋系列(1－5)
	外语(英语)	英语(1－5)＋系列Ⅰ(6－11)＋系列Ⅱ
数学	数学	数学(1－5)＋系列(1－4)
人文与社会	思想政治	
	历史	必修(Ⅰ－Ⅲ)＋6 个选修模块
	地理	必修(1－3)＋7 个选修模块
科学	物理	必修(1－2)＋系列(1－3)
	化学	必修(1－3)＋6 个选修模块
	生物	必修(1－3)＋3 个选修模块
技术	信息技术	信息技术基础＋5 个选修模块
	通用技术	技术与设计(1－2)＋7 个选修模块
艺术	艺术或音乐、美术	4 个系列 6 个模块中任选 6 个模块
		音乐欣赏(2 学分)＋5 个模块中选 1
		美术欣赏(1 学分)＋4 个模块中选 2
体育与健康	体育与健康	6 个运动技能系列＋健康 1
综合实践活动	研究性学习活动、社区服务、社会实践	

自 2013 年起,教育部开始进行历史新课程标准修订和高考制度的改革,2017 年基于立德树人根本教育任务的理念,颁布了突出强调核心素养的《高中历史课程标准》,历史学科核心素养的教育理念是对"三位目标"的深化和发展,逐渐对高中历史教学产生实际影响。

近年来,随着新高考改革方案的实施,高中教育越来越受到重视,高中历史课程的学科地位逐渐得到提升,历史教学的重要性越来越得到凸显。新时期,应重视高中历史教学设计与优化,通过高中历史教学,应在提高高中生的历史成绩的同时,让他们成为契合时代发展的高素质人才。①

---

① 王姗姗．新高考方案下的高中历史教学[J]．黑河教育,2019(9):27.

第二节　高中历史教学的目标、任务

一、高中历史教学的目标

（一）历史教学的三维目标

由于"路径依赖"，高中历史课程"三维目标"依然对当前的历史教学具有深刻影响力和指导力，因此，"三维目标"体系依然是本书教学设计中需要分析的内容之一。从横向维度审视历史教学目标的术语表达体系，具体划分为"知识与能力""过程与方法""情感态度与价值观"，现简要分析如下。

1."知识与能力"目标

"知识"与"能力"关系复杂，知识可外在于学生个体而独立存在，能力却必须依附于学生个体，并落实到教学实践中去。

广义的历史知识学，包括知识与能力，也包括过程与方法、情感态度与价值观等内容。在历史教学中，历史事实、历史现象、历史现象背后的发展规律是不同类别与层级的知识，这些知识的掌握分别对应不同层级的思维活动，即学生的学习能力。

历史教学中认知领域的教学目标可表现为六个基本层次（表 1-5）。

表 1-5　认知领域的教学目标分类

层次	一般目标举例	行为动词
1. 知识	知道历史名词、概念、事实	描述、列举、说明
2. 领会	理解有关知识并进行形式转换	区别、解释、归纳
3. 应用	应用概念及原理于新情况 应用定律及学说于实际情况	改变、发现、解答

续表

层次	一般目标举例	行为动词
4. 分析	评鉴资料的相关性	关联、选择、分析
5. 综合	描述阶段性历史人物和事件关系	联合、归纳、总结
6. 评价	运用材料评判所学内容的价值	鉴别、对比、检讨、证明

2."过程与方法"目标

"过程与方法"既是手段,也是目标。

高中历史教学过程中,学生掌握具体的历史知识需要一定的学习方式、方法、过程,历史学科的"过程与方法"目标具体指学生在学习历史的过程中获得的相对合理的、能解决历史问题的思维过程和思维方法。

具体来说,"过程"指让学生经历和体验史实、解释与评价历史的程序;"方法"指掌握确认史实、解释与评价历史的思维方法。

3."情感态度与价值观"目标

历史教学的"情感态度与价值观"目标指在课堂层面所确定的"情感态度与价值观"目标。按照价值内化的程度可表现并划分为五个层次(表 1-6)。

表1-6 情感领域的教学目标分类

层次	一般目标举例	行为动词
1. 接受	注意听讲 了解学习历史的重要性 对历史问题保持敏感 主动学习历史	把握、发问、描述
2. 反应	完成历史学习 遵守学校规则 参与课上讨论 对历史学习有兴趣	表现、遵守、讨论

续表

层次	一般目标举例	行为动词
3. 价值评价	欣赏优秀历史 认识历史学习的重要性 学会用历史思维看待、分析问题	验证、完成、阅读、分享
4. 组织	承认解决问题系统规则的重要 接受自身行为的责任 了解并认知自身的能力及限度	坚持、比较、关联
5. 由价值形成的个性化	具备良好的思想品德 具有民族自豪感 有爱国情怀	建立、分辨、实践、品质

高中历史课程三维目标体系是开展高中历史教学必须遵循和达成的教学目标,具体教学目标要求与实施将在本书第三章详细介绍,这里不再赘述。高中历史教学应综合地挖掘、洞察与提炼上述三维目标,在此基础上,努力向培养学生的历史学科核心素养方向发展,历史学科核心素养理念的提出,对高中历史教师的教学设计能力和应对策略是一次挑战,优化历史教学设计发展学生历史学科核心素养是本次 2017 版《高中历史课程标准》修订的初衷和终极追求。基于核心素养的教学设计实践探索与总结是作者撰写本书主要目的之一,相关内容将在第三章、第五章等章节中具体阐述。

(二)历史教学的课堂目标

高中历史是高中阶段开设的一门专业学科课程教学,通过教学实践活动开展,旨在实现以下教学目的。

(1)使学生掌握历史事实。

(2)使学生了解民族地区民俗习惯与文化内涵。

(3)使学生掌握历史规律和特点。

(4)培养学生正确的历史观。

（5）提高学生的历史思维、分析能力,使学生学会辩证地观察、分析历史与现实问题。

（6）使学生了解与认识历史学习的价值。

（7）提高学生组织与开展历史教学与宣传相关活动的能力。

（8）拓展学生学习和探究历史问题的空间。

（9）使学生具有从事历史科研及相关工作的基本能力。

（10）培养学生关注与积极参与历史活动的意识。

（11）培养学生传承与发展优秀历史文化的能力。

（12）使学生从历史中汲取智慧,养成现代公民应具备的健全人格和人文素养。

（13）加深对祖国的热爱和对世界的了解,培养学生的爱国情怀和民族自豪感。

历史课程教学目标通过一次历史课的教学,可以提高学生对具体历史事件、历史人物的认知,并学会用历史的观点去判断与分析,历史教学的课堂教学目标实现的大都是微观的教学目标。上述历史教学目标更多的是需要长期的历史教学才能实现。

历史课程教学目标应将学生的历史知识的增长、历史文化素养的提高、历史道德品质的发展放在最为重要的位置上,这样既能够对学生的各项能力加以培养,同时还能很好地结合品德教育、知识教育、情感教育和人格教育。

二、高中历史教学的任务

（一）客观传播历史知识

在高中历史课程教学中,教师应通过古今中外的历史知识的教学,积极传播历史事实和历史文化知识,并使学生全面掌握这些知识。传播历史知识是高中历史教学的最基本的教学任务。

（二）促进学生健康发展

素质教育背景下促进学生的健康发展是各级学校各学科的重要教学任务。

学生的健康发展是多方面的,包括身体、心理、社会性等多个方面。历史教学促进学生的健康发展主要体现在促进学生的心理健康发展和社会性健康发展两个方面。

1. 调节心态,反思当下生活

首先,通过历史教学,对陶冶学生良好情操具有重要的作用,这也是历史课程教学的主要任务之一。学生在历史课程学习过程中,了解具体的历史人物与历史事件,能有所启发,教师通过历史教学,应能起到"鉴史"的作用,有助于学生从历史事件与生活中反思当下,改善心态,积极面对学习、生活。

2. 丰富情感,完善自我人格

通过历史教学,师生通过多种教学组织形式和教学活动的开展,与历史进行对话,师生对于历史问题的思考与分析,有助于完善学生的思维与情感,很多历史事件的发生不可避免,一些历史人物的遭遇或进步思想都有其历史存在的必然性,受到历史发展的局限性的制约,通过对历史问题的思考,有助于丰富学生的情感、促进学生的人格发展,还能促进学生从历史人物的为人处世、性格特征中去学会自我人格的反思。

（三）发展学生历史思维

通过高中历史教学,不仅要为学生的升学服务,还要发展学生的历史思维,让学生树立正确的历史价值观,使学生学会客观看待历史人物与事件,树立正确的历史价值观。

在高中历史课程教学中,要通过学生对历史理论知识的学习,加深学生对历史知识、规律的把握,拓展学生的眼见,使学生的历史知识不断加深和扩大,锻炼和培养学生学习和运用历史知识的能力,这是高中历史教学的一个重要任务。

学生学习历史,仅仅阅读历史文字,了解历史事件并不等于懂得了它们的历史意义,学生应能够根据历史材料或历史文本探究背景、立场、角色,对史料作深度解读与判断,追寻历史解释、理解的合理性,养成历史思维。

正如有学者曾说"历史是写过去,但不是为写过去而写,而是为了今天和明天的公众而写",通过高中历史教学活动的开展,应使学生树立正确的历史价值观,建立唯物主义历史思维与观念,能客观、公正、全面地看待历史与思考问题,吸取历史经验与教训,体会历史的伟大意义,体验人类历史的艰辛与成就,感悟人类文明的恢宏与精神理论的伟大,启迪学生运用历史思维与人类社会的发展展开畅想。

(四)提高学生思想道德

"明历史,知廉耻",学习历史,能培养学生良好的思想道德品质,历史具有良好的德育功能。在历史教学中,教师应深入挖掘历史教学的德育功能,促进学生的历史思想和历史道德的发展与提高。

在高中历史课程教学过程中,通过"监(鉴)前世之兴衰,考当今之得失,嘉善矜恶,取是舍非"(宋,司马光,《资治通鉴》),来丰富学生的历史情感体验,让学生充分感受历史事件、历史精神、历史道德,培养学生良好的历史道德和社会道德。

通过历史教学,增强学生的爱国意识,培养良好的个人品格,培养学生尊师重道、文明守礼的品行,使学生成为"社会的自觉的代言人"。[①]

(五)传承优秀历史文化

人类社会的发展史,是人类不断创造文化,不断进行社会文

---

① 马卫东. 历史教学概论[M]. 北京:北京师范大学出版社,2010.

明建设的过程,学习历史,不仅要了解和掌握历史事实、历史规律,还要学习人类历史发展过程中的各种民族文化,并重视对优秀的民族文化的传承。

历史教学不仅是历史事实与过程的教学,也是文化的教育传承。

在高中历史教学中,教师不仅要将具体的历史事实客观地讲述、呈现给学生,还要将历史中的文化内容传递给学生。

在高中历史教学中,教师要科学安排不同历史课内容之间的逻辑教学关系,可以把历史中不同事件、人物、国家、地区、民族之间发展的关系串联起来,通过历史文化发展宏图的构建,来了解整个人类历史的发展过程与规律,并对历史上的优秀文明与文化进行传播与传承。

在高中历史教学中,教师对历史文化的传授,或者说学生对历史文化的传承具有阶段性。包括历史在内的历史教学贯穿整个教育阶段,从小学一直到大学,各个阶段的历史教学中,教师对历史文化的传授重点、内容是不一样的,各阶段的历史文化应符合学生的认知范围,做到各个阶段历史文化传承的持续、不间断,以促进学生在各个阶段对历史文化的掌握与传承。这是历史教学在历史文化传播与传承中所发挥的重要作用,也是教师在历史教学中应该完成的重要教学任务。

(六)进行爱国主义教育

进行历史教育,优化高中历史课程设计与教学效果,应完成对学生进行爱国主义教育的任务。

在高中历史教学中,教师应自觉对学生进行潜移默化的热爱祖国、热爱人民的教育,帮助学生树立为祖国的建设事业而献身的责任感,激发学生对祖国的自尊心与自豪感,坚定学生对祖国前途的信心,这是每一个历史教师的教学职责所在,也是历史教师应该完成的教学任务。

第三节　高中历史教学的本质、意义

一、高中历史教学的本质

（一）历史教学是对历史的探究与反思

高中历史教学，旨在让学生学习历史，要求学生思考历史事件原因与结果的关系，进行合理的历史解释，但必须认识到，历史绝不是死记硬背的学科，学习历史必须主动探究、反思。

史学真正有意义的地方不在于提供多少经验，而是培养历史意识，能用变化的眼光看待历史，深刻认识历史发展中人的作用，提高自我判断能力和社会参与能力。

在高中历史教学中，历史教师应帮助学生思考过去如何影响现在，使学生从历史立场思考、分析、反思、归纳、演绎、推理、解释，得出结论。

（二）历史教学是人文素质教育

历史是一门"人学"，历史教学的本质是人文素质教育，历史教学离不开道德评价与道德教育。通过学习历史，"彰善瘅恶""激浊扬清"，是历史教学的重要教育功能的体现。

通过高中历史教学，教师应帮助学生了解各种社会形态，不同阶段的人类社会的时代特征、思维方式和生活方式的文化意义，建立正确的道德评价，培养社会责任感与社会参与意识，学会做人，养成责任心，产生社会归属感，形成正确的人生观、世界观和价值观。

历史事件是人活动的产物，是人思想的产物。学生只有认识到历史人物（如司马迁、岳飞、文天祥等）的时代背景，认识到历史人物的思想，才能通过历史人物某些具体行为感悟到历史人物的精神与伟大。

通过历史学习,学生理解了历史事件、人物的感悟,才能进一步认识到一个国家、民族文化的精髓,才有可能认识历史传统,产生民族认同,传承民族优秀的品质、物质文化与精神文化。

中学历史教学的本质意义重在培养"人"而不是"人才"。《普通高中历史课程标准(实验)》指出,中学历史教学应真正发挥育人功能,让学生汲取人类文明成果,陶冶爱国情操,培养人文情怀。

二、高中历史教学的意义

(一)帮助学生建立历史意识

学习历史,能从历史中获得一种思维观念与方法,即历史意识。有了历史意识,才能理解历史的演进,懂得历史经验和教训,根据历史规律来理解历史、观察现实、展望未来。[①]

(二)培养学生的民族认同感

通过历史教学,学生能了解我国的民族精神和民族文化氛围,深刻体会到我国不同历史阶段的忧患和挫折,警示当下,重视历史的前车之鉴,凝聚民族情感。

纵观中华民族的历史,各民族在不断融合中发展,如春秋时期形成的"诸夏意识",是先秦的民族精神基础,凝聚了华夏民族。对于历史的认同是对民族精神认同的精神基础。

(三)帮助学生树立正确的人生观、价值观、历史观

教育的本质就是要实现人的社会化,人能够适应社会的需求、变化以及发展的过程。实际的生活中,人们所遇到的各种问

---

① 陈志刚,郭艳红. 从历史学科特点析历史教学的本质[J]. 淮北煤炭师范学院学报,2007(3):133-135.

题是综合性的问题,并非单一学科知识可以解决,因此,现代教育提倡综合化教学,历史学科也不例外,历史教学涉及政治、经济以及法律等多个方面的知识,高中历史教学中,需要在掌握历史知识的基础上,通过渗透中华儿女的优秀品格来提高学生的思想和道德情操,让学生接受人生观、价值观、历史观的教育。①

第四节　现代高中历史教学基本理论与理念

一、现代高中历史教学的基本学科理论

(一)教育学理论

1. 教育学理论概述

教育学理论是关于教学本质和一般规律的科学,通过规律性的认识来确定优化学习的各种教学条件与方法,解决各种教学问题。

古今中外的教育学理论有很多,如我国古代孔孟的"学而不思则罔,思而不学则殆""循序渐进""因材施教"等儒家教学思想;我国近现代蔡元培、陶行知等倡导教学要重视发展儿童的个性,发挥儿童主观能动性的教育思想;近代捷克教育家夸美纽斯提出教育目的、内容等必须适应儿童年龄特征的"大教学论",法国卢梭肯定儿童积极性的教育;现代杜威主张的"儿童中心""做中学"的教育观点等。这些教育学理论与观点对教学实践均具有重要的指导作用。

现代教育学理论主要研究以下问题。

(1)研究教学本质。

---

① 陈金花.追求历史教学价值　探寻课堂教学本质[J].中学课程资源,2014(4):52.

（2）研究教学价值、教学目的、教学目标。

（3）研究教学活动关系。

（4）研究教学内容。

（5）研究师生关系。

（6）研究教学方式与方法、教学模式与教学组织形式。

（7）研究教学评价。

2. 教育学理论对历史教学的指导

教育学理论为现代历史教学设计提供了理论支持，在教育学理论的指导下，通过明确历史对象和范畴，指导历史教学设计，为历史教学设计提供理论依据，有助于历史教学实践活动的科学开展，并实现良好的历史教学效果。

（二）心理学理论

结合高中历史教学实际，心理学相关理论在教学中的应用主要涉及教师对学生的学习心理的了解与研究。

1. 心理学学习理论

心理学学习理论是研究学习者的学习心理的学科理论知识，包括学生的学习动机、学习态度、学习过程中的心理活动变化等。

个体的学习心理对个体的学习行为与学习效果具有重要影响，因此，教师有必要了解不同学生个体或群体的学习心理以有针对性地开展历史教学。

2. 心理学学习理论对历史教学的指导

心理学学习理论要求历史教师在课堂上开展教学活动，要重视学生的"人"的特性，重视学生在课堂上的行为表现与分析，要能抓住学生的学习心理与学习需求，充分利用多元教学方式方法与组织形式，来调动学生的历史学习动机、热情。

此外，了解学生学习心理，还有助于教师与学生之间的和谐师生关系的建立,有助于促使传统的"单向"历史教学向"双向互动"的历史教学转变,对于良好历史课堂氛围与课堂教学效果具有重要促进作用。

(三)传播学理论

1. 传播学理论概述

传播,即信息的传递。信息传播系统的建立包括四个要素:信息发送者、信号、信息通道、信息接受者(图 1-1)。

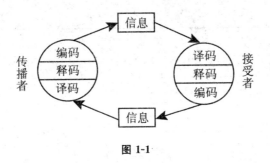

图 1-1

传播学理论认为,有效的传播不仅是发送信息,还要通过反馈从接受者那里获取反馈信息,以确认信息发出的准确无误和达到信息传递效果,这有助于信息传播者完善信息传播通道,以获得最佳信息传播效果。

2. 传播学理论对历史教学的指导

根据传播学理论与相关观点,可以将教学过程的"教师传道受业解惑"过程看作是一个历史教学信息的传播过程,在历史课程教学中,教师是信息的传播者,学生是信息的接受者,历史课程教学内容即传播的信息。

传播学中的信息传播模型可以帮助教师明确教学内容这一信息在信息传播中的地位和实现教学信息有效传播,获得良好历史教学效果应完善的相关历史教学因素。

根据美国政治学家哈罗德·拉斯韦尔提出了大众传播的

"5W"公式,信息传播的过程与历史教学中的教学信息传播见表1-7。布雷多克提出了传播的"7W"模型引入历史教学与历史课程教学要素见表1-8。

表1-7 "5W"传播模型与历史教学传播过程分析

5W	含义	传播要素	历史传播过程要素
Who	谁	传播者	教师或其他教学信息源
Says What	说什么	讯息	教学内容
In Which Channel	通过什么渠道	媒体	教学媒体
To Whom	对谁	受体	教学对象
With What Effect	产生什么效果	效果	教学效果

表1-8 "7W"传播模型与历史教学传播过程分析

7W	含义	传播要素	历史教学传播过程要素
Who	谁	传播者	教师或其他教学信息源
Says What	说什么	讯息	教学内容
In Which Channel	通过什么渠道	媒体	教学媒体
To Whom	对谁	受体	教学对象
With What Effect	产生什么效果	效果	教学效果
Why	为什么	目的	教学目的
Where	在什么情况下	环境	教学环境

历史教学过程是一个双向性的活动过程。教学中,教师向学生传递教学知识,要避免"填鸭式"教学,要重视学生的学习反馈,以科学控制、调整、完善历史教学过程。

此外,在传播学理论指导下,教师有必要进行历史教学的受众分析、媒体分析、过程分析、效果分析(表1-9),以明确历史课程中学生的学习需求、学习内容、教学媒体、教学评价等因素,科学设计哲学因素、合理安排哲学教学因素的相互关系,才能最终获得良好的历史教学效果。

表 1-9 传播过程要素与历史教学过程要素的对应

传播过程要素	历史教学设计过程要素
为了什么目的	学习需要分析
传递什么内容	学习内容分析
由谁传递	教师、教学资源的可行性
向谁传递	教学对象(学生)分析
如何传递	教学策略选择
在哪传递	教学环境分析
传递效果如何	教学评价

(四)社会学理论

1. 社会学理论概述

社会学是研究各种社会现象、社会构成要素及其相互关系、社会环境、社会运动变化及社会发展规律的学科。

社会学用客观和系统的方法研究社会的体制、结构、政治与经济进程及不同群体或个人之间的互动关系,目的在于获得关于社会运行与发展的知识和理论,能更好、更有效地管理社会,促进人类社会持续发展。

2. 历史学科与社会学科的关系

(1)历史学科能揭示社会规律,通过史学展示历史发展的规律性,预示社会发展方向,能为社会中的人树立变革与发展信心、建立正确的世界观、把握社会发展规律,对未来的社会发展预见更加科学。

(2)历史学科能为社会发展研究提供历史依据和可借鉴的经验。历史学科的基本任务之一是总结历史经验教训,避免后人重蹈覆辙,在社会实践中保持清醒,趋利避害,择善而从。

（3）社会的发展受多种因素的影响，历史学科能为社会发展提供服务，历史学科所提供的历史事实与材料能为社会建设与发展服务，如为博物馆的陈列、文物搜集保护服务，为历史文学与影视作品服务，为国家政策的制定、军事战略的策划等提供历史依据。

（4）历史学科和社会学科均具有教育功能。通过学习历史与社会知识，能够帮助人们形成民族认同感和自信力，健全人格，不断发展个人作为现代社会人才的素养。

二、现代高中历史教学的理念

（一）育人为先

在"立德树人"成为教育根本任务背景之下，2017 版《高中历史课程标准》颁布以来，关于如何贯彻和落实历史学科育人价值，逐渐成为一线历史教师关注的热点。历史教师组织和开展高中历史教学活动，要时刻认识"育人为先"是高中历史教育教学的根本任务，潜心历史学科育人价值的理论研究，并通过历史教学实践让"育人为先"的教学理念落地生根，培养出素质全面、品质优良、符合现代社会发展需求的人才。

当下关于历史学科育人价值的研究主要围绕历史学科核心素养展开，学术成果丰富，育人价值系统化、结构化已见雏形。其中关于落实历史学科育人价值路径的研究成果，既有高屋建瓴的宏观理论，也有教学实践层面的教学模式总结或借鉴，但就落实历史学科具体育人价值的教学实践研究尚不多见。鉴于此，下文将力图总结前人关于历史学科育人价值的研究成果，勾勒出历史学科育人价值体系，并就如何落实具体的育人价值进行教学实践探索论述，努力做到在向学生陈述、展示历史客观事实的基础上，高度重视体现、落实历史学科的育人价值，并将历史教学培养学生的历史意识、道德情操、人文素质、健全学生人格，促进学生的全面发展贯彻到历史教学的系统过程中。为更好地落实"立德树人"这一根本任务提供可借鉴之处。

历史教学具有多元育人价值,历史教师应该通过开展历史教学活动,切实发挥历史学科的育人价值,丰富学生历史知识和文化,提高学生的历史意识和民族文化认同,促进学生的德智体美等全面素质的发展,将每一个学生都培养成社会发展所需要的合格建设者与接班人。

（二）以生为本

"以生为本"的历史教学理念是人本主义"全人教育"理念的具体体现,教育的根本目的在于开发潜能、完美人性、完善人格,成为世界公民。关于教育的目标认识:共识:教学生"做人",教学生"做事";科学主义教育观——人的工具性:培养能适应科技和经济发展的人作为教育的根本目的;人本主义心理学的教育目的——人的完整性:使学生成为"学会如何学习的人"到"学会如何适应变化的人",从而成为能够适应社会要求的"充分发挥作用的人",最终达到自我实现的终极目标。①

"以生为本"要求高中历史课程与教学应面向全体在校学生,并关注学生个体差异性,做到因材施教,培养学生的学习能力和创新意识,使他们都能达到课程标准所规定的学习目标。学生个体之间存在客观差异,如他们的年龄、性别、知识基础、认知能力、性格特征、行为、习惯、动机和学习需求、文化背景、家庭条件与氛围等各不相同,历史教学就是在面对具有不同特点的学生时,通过科学设计历史教学要素、环节与过程,赋予全体学生同等的学习历史的机会和爱心,使所有的学生都能达到历史教学课程标准所规定的学习目标。

在"以生为本"的历史教学理念指导下,教师应做到以下几点。

（1）必须让学生成为历史学习的主体,关注学生的学习需求和学习体验。

---

① 史桂荣. 人本主义心理学与教育[J]. 中国西部科技,2008(11):69-70.

（2）尊重和信任每一个学生,给每一个学生提供同等的学习历史的机会,使所有学生都能在原有基础上有所提高与发展,并达到《普通高中历史课程标准(实验)》所规定的认识水平和知识水平。

（3）建立符合学生学习特点和需要的、从学生的生活经验出发的课程体系,使学生在全面了解历史基础知识的基础上,可根据自己的兴趣选择不同课程模块进行更深入的学习,促进学生个性化发展。

（4）因材施教,探究和掌握学生心理的个别差异,从学生实际出发,通过分层要求、指导、练习、评价、矫正等手段,使不同学生都学有所得。

（5）在历史课程资源的分配上体现"人人均等"的原则,不能人为拉大地位优越的学生与地位不很优越的学生获得历史学习资源的差别。

（6）保证所有学生都有足够机会展示他们的历史学习成果。

（7）客观全面评价学生,不对任何学生带有任何偏见。

（三）落实人文教育

在"应试教育"价值观指导下,历史教育注重社会功能,忽视育人功能,学校历史教育以知识为中心,学生为了分数而学习历史,历史教师为了升学而教历史。

在新课程背景下,历史教育的根本功能是育人,是促进学生身心和谐发展。在历史教学中,应重视从以下两个方面促进历史的育人功能的实现。

1. 对学生进行人文素质培养和人文精神熏陶

《普通高中历史课程标准(实验)》在课程性质中明确指出:"通过高中历史课程的学习,培养学生健全的人格,促进个性的健康发展。""掌握历史知识不是历史课程学习的唯一和最终目标,而是全面提高人文素养的基础和载体。"教师应将人文精神渗透到历史新课程教学的实践中去,贯穿于整个历史教学过程的始终。

通过高中历史教学,使学生从历史的角度去了解和思考人与人、人与社会、人与自然的关系,关注中华民族及全人类的历史命运,弘扬爱国精神与民族精神,使学生形成开放的世界意识,形成正确的人生观、世界观以及价值观,将历史基础知识"内化"为学生对历史基础知识的感受、体验及感悟,并外显于行为上。

2. 为社会培养合格的公民

以往应试教育中,我国历史教育承担的公民教育功能不够全面,包括高中教师群体在内的广大历史教师对历史教育与公民教育之间关系的关注也不够充分。

新时期,随着我国经济和社会的发展,对公民的素质也提出了越来越高的要求。历史教育应在对作为社会成员的人的培养方面关注人的教育。

通过历史教育教学,应加强对学生作为未来合格社会公民的教育,加强对学生的公民意识教育、思想政治、道德法制教育等,注重公民意识的培养,提高学生作为社会公民的素质。

第二章 高中历史教学设计发展性研究

教学设计对包括高中历史在内的所有学科的教学工作来说都是至关重要的环节。高中阶段的历史教育由于其特殊性,在教学设计环节需要非常考究,确保其科学性和系统性,能够为最终实现高中历史教学目标带来益处。为此,研究高中历史教学设计的发展就显得非常必要。

第一节 教学设计概述

一、教学设计的概念

教学设计作为舶来品,于 20 世纪 80 年代由欧美国家传入我国。对"教学设计"的理解,中外学者有着不同的界定。典型观点列举如下。

(1)教学设计是支持学习者的学习过程,具有如下五点基本假设:①目的是帮助个体学习;②由多阶段构成,既有即时的,也有长期的;③系统设计的教学能极大地影响个人的发展;④以系统的方式进行;⑤必须建立在人类如何学习知识上。①

(2)"教学设计有明确的教学目标,着眼于激发、促进、辅助学生的学习,并以帮助每个学生的学习为目的。"②

---

① [美]加涅. 教学设计原理[M]. 皮连生译. 上海:华东师范大学出版社,1999.
② 中华人民共和国国家教育委员会电化教育司. 教学媒体与教学设计[M]. 北京:高等教育出版社,1990.

(3)"教学设计是研究教学系统、教学过程和制订教学计划的系统方法。它以传播理论和学习理论为基础,应用系统的观点和方法,分析教学中的问题和需求,确定目标,建立解决问题的步骤,选择相应的教学策略和教学媒体,然后分析、评价其结果,使教学效果达到最优。"①

(4)教学设计,或称教学系统设计,是一种实施教学系统方法的具体的可操作的程序。它综合了教学过程中诸如教学目标、教学内容、教学对象、教学策略、教学媒体和教学评价等基本要素,将系统方法的设计过程加以模式化。②

(5)"教学设计是运用系统方法分析教学问题和确定教学目标,建立解决教学问题的策略方案、试行解决方案、评价试行结果和对方案进行修改的过程。"③

(6)教学设计是一种"旨在促进教学活动程序化,精确化和合理化的现代教学技术"④。

(7)教学设计是在一定的观点和方法指导下,依据现代教育理论和教师的经验,对教学活动进行规划和安排的一种操作的过程。⑤

(8)教学设计是指解决教学问题的系统方法。其目的是追求教学效果的最优化。教学设计包括分析、设计、制定/开发、实施、评价/修改教学问题解决方案的全过程,即应用系统方法对教学过程的诸要素、环节及其相互关系进行科学的分析、描述、计划或规定,为所需的教学活动制订具体可行、可操作性的程序或方案。⑥

---

①　中华人民共和国国家教育委员会电化教育司.教学媒体与教学设计[M].北京:高等教育出版社,1990.

②　张祖忻.教学设计——基本理论与方法[M].上海:上海外语教育出版社,1992.

③　乌美娜.教学设计[M].北京:高等教育出版社,1994.

④　鲍嵘.教学设计理性及其限制[J].教育评论,1998(3):32.

⑤　南国农,李运林.电化教育学[M].北京:高等教育出版社,1998.

⑥　祝智庭,钟志贤.现代教育技术——促进多元智能发展[M].上海:华东师范大学出版社,2003.

可以看出,对教学设计的界定,学者们大致从教学设计的形态、教学设计的功能或揭示教学设计的本质等角度进行。概括而言,教学设计具有以下特征:

(1)教学设计以系统方法为指导,将组成教学过程的各要素视为相互影响、相互联系的有机系统,通过分析各教学要素及其内在问题与需求,确立教学顺序,以达到教学效果最优化。

(2)教学设计也可视为将教学原理转换成教学材料与教学活动的计划,它要遵循教学过程的基本准则,选择与确立教学目标,以解决教什么的问题。

(3)教学设计是以实现教学目标为指向的策略性、计划性活动,它以计划或规划安排的形式,对怎样达成教学目标进行创造性决策与规划,以解决怎样教的问题。

(4)教学设计是促进学习的创造性设计过程,它的功能在于运用系统方法设计教学过程,以最终提升学生的学习效果。

二、教学设计的理论基础

教学设计作为系统性的、对教学活动的操作性规划与安排,旨在提升学生的学习效果,达到教学效果的最优化,由此也必然需要一定的理论支撑。关于教学设计的理论基础,教学理论界存在多种观点,可归纳为以下几种观点。

(1)"单基础"论,即认为教学设计的理论基础是认知学习理论,并强调主要是指加涅的认识学习理论。[①]

(2)"三基础"论,即认为教学设计是以学习理论、教学理论和传播学理论为基础。[②]

(3)"四基础"论,即认为教学设计理论基础包括四个组成部分,即系统论、学习理论、教学理论和传播学理论,并强调学习理

---

① 李克东.多媒体组合优化教学设计的原理与方法[J].电化教育研究,1990(4):18-24.

② 乌美娜.教学设计[M].北京:高等教育出版社,1994.

论应当是四种理论中最重要的理论。[①]

（4）"五基础"论，即认为教学设计要以学习心理理论、现代教学理论、设计科学理论、系统理论和教育传播学理论为基础。[②]

（5）"六基础"论，即认为学习理论、传播学理论、视听理论、系统科学理论、认识论和教育哲学共同构成教学设计的理论基础。[③]

以上观点所涉及的理论包括学习理论、传播学理论、系统理论、教学理论、设计科学理论、视听理论等。不过，从教师可操作的层面看，教学理论、学习理论、系统理论应该作为重点理论予以关注。这三个理论与教学设计所要考虑的几个基本要素密切相关。

教学理论奠基并催生了教学设计。与之紧密关联的理论首推巴班斯基的教学过程最优化理论，它把系统方法作为一般科学方法引入教学研究领域，将教学理论研究的重要范畴如教师、学生、目标、内容、形式、方法等作为基本要素置于系统之中，对其进行系统考察与研究，为教学设计的产生与发展提供了理论依据。教学理论中的其他理论思想，如斯金纳的程序教学理论、赞可夫的最近发展区理论、瓦根舍因的范例教学理论、布鲁纳的"引导—发现法"教学理论、布鲁姆的目标分类理论等，都为教学设计提供了坚实的理论基础。

学习理论是教学设计的理论基础，教学设计需要以学生的学习为中心。学习理论回答的是教学活动中学生如何学的问题。比如，加涅的学习层级理论，将智慧技能的学习分为连锁、辨别、具体概念、定义概念、规则、高级规则六个层次，每个高一级的层次都以低一级的层次为基础。他将学习结果分为言语信息、智慧技能、认知策略、动作技能和态度五种类型，各种类型的学习条件

①　何克抗．从信息时代的教育与培训看教学设计理论的新发展[J]．中国电化教育，1998(11)：9-16.

②　张筱兰．论教学设计[J]．电化教育研究，1998(1)：24.

③　冯学斌，万勇．教学设计的理论基础[J]．电化教育研究，1998，19(1)：24-26.

是不同的。在他的学习结构模式中,明确地指出了认知策略同智慧技能的区别。① 布鲁纳的发现学习,揭示了由例证到概念和规律的学习程序,其教学的外部条件是教师举出关于概念或规律的例证,内部条件是学生已掌握了相关的概念,学生的心理过程需要经过辨别、提出假设、检验假设和进行概括等几个必要阶段。

系统理论对教学设计的影响,主要体现为其相关的准则与原理。系统理论关注系统中的要素、结构及其功能状态。该理论认为,系统由许多要素构成,系统内部的各要素间的组织联系呈现出结构性,并在一定环境条件下对应着特定的功能与状态。教学设计要视整个教学活动为系统,弄清教学活动各要素的功能及其联系,揭示教学活动所外置的条件与变化。同时,系统理论还关注与之相关的作用机理,强调反馈、有序与整体,即强调系统要通过信息反馈才能实现交流与控制,教学活动要通过提问、作业、测试等方式反馈信息,以改进教学方法,因材施教,提高教学质量。

教学设计是对教学活动的规划与安排。从教师可操作的角度看,教学设计主要是为了完成特定的教学目标、提高教学效果,主要着眼于解决"如何教"的问题。此种教学设计也主要对应于我国实行班级授课制的绝大部分现实。

第二节　高中历史教学学情分析

一、学情分析的概念

学情分析,简单来说,就是对影响学生学习的相关情况进行的分析。具体来看,有很多因素都会影响到学生学习的效果,这些因素有学生的智力因素、非智力因素、教学环境、教学氛围、教师水平、师生关系等。这些因素有显性的,也有隐性的。对学习

_____

① 邵瑞珍. 学与教的心理学[M]. 上海:华东师范大学出版社,1990.

效果构成影响的也许是一种因素,也许是多种因素共同带来的。鉴于这是一项技术性和经验性都很强的工作环节,因此,能否做出准确的学情分析是展现教师教学能力的标志。

现代教学过程的本质为学生在教师指导下,根据教学目的与学生的身心发展特点,通过系统的、有计划的教学双边活动,以此使学生在知识、认知和情感方面发生变化,并且形成和发展个性的过程。学习活动的物质基础是人的良好的神经系统,它提供给人感受、记忆、联想、想象、推理等完整的思维功能,这也会促进人的意识间的相互影响并传播。人的好奇心、求知欲等驱动着人想更深入地探索周边的事物,再加上出色的模仿能力,使人通过接受教育来改变心理或行为成为可能。

教学得以实现的先决条件是学生的生理基础、学习动机和认知能力等,其目的是为了使学生获得全面积极发展。学生作为教学的主体之一,决定了教学中的所有环节都要以他们为中心,为此,分析学生就是教学活动必不可少的环节,也是最为重要的环节。这些特点都使得学情分析并不是那么简单的事情,而是需要经过专门训练才能慢慢培养出来的教师职业能力。

二、学情分析的意义

在日常教学中经常可以看到一些教师非常看重和学生进行交流,并且经常性检查他们的预习作业,还时常记录教学日记以及认真撰写教学反思。有些教师甚至还乐于参加到学生的活动中去等。这样的教师无疑更能了解学生的心理和他们的思维,他们致力于对学生情感的感同身受,乐于换位思考,这会让自己的教学更有亲和力和符合学生的思维,而这样的教学自然是更有效率的。上述这些做法,就是一种有效的学情分析。

对于教学设计来说,学情分析是其中非常关键的环节,它是制订教学目标的依据之一。不仅如此,它还是对教学内容、教学方法和教学媒体等设计的前提,同时也是教学评价和教学反思的皈依。

（一）学情分析是教学目标制订的依据

制订教学目标是教学中的重要步骤之一。对教学目标的制订要在符合国家需要、时代精神、教育目标与课程内容的基础上，同时要兼顾学生的实际情况。

例如，一位教师设计的教学目标为"能在地图上标出元谋人、北京人发现的地点，并了解他们生活的年代"。这一教学目标设计显然非常注重学生对基础知识的掌握，但从层次上看更加适合初中阶段的学生。对高中阶段的学生来说，这一目标就显得过低。

还有教师设计的教学目标为"利用图书馆、博物馆、互联网收集我国各地远古人类的考古资料，感受中国是人类的发源地之一"。总的来看，这是给学生的一种开放式学习方法，其优势在于充分发挥学生学习的主体作用，有利于发散他们的思维，学会自我发现问题、探寻问题和解决问题，对学生综合能力的发展是极好的。不过，从实际当中看，这种学习方式更适合城镇学生，而对偏远落后地区的学生来说并不现实，要知道他们去一次图书馆或博物馆并不容易。所以，良好的学情分析是制订一个准确、合理的教学目标的重要依据。

（二）学情分析是教学内容设计的前提

教学改革影响下的教学内容革新一举转变了传统将教材奉为"圣书"的较高地位。一时间，出现了许多版本的教材，这使得过去相对统一的教材在现在只是作为教学资源的一种而出现。综观现有的几种版本的教材，人教版语言精练、逻辑清晰，方便学生阅读，但与其他版本相比显得新观点和补充的新材料不足；人民版对很多历史事件论述详尽、材料丰富，但在详略安排上有不妥之处，这给教师的教学计划安排带来了一定的杂乱感；岳麓版结构合理，但对学生来讲有些理解上的难度。

然而，不论是哪一种教材，教师都需要对其进行重新处理，或是补充、或是删减、或是予以整合。如此真切使教材成为了一种可以被变动的"教学材料",从教育改革的角度上说,这当然是一种进步。在历史教学实践中,到底选择哪本教材的知识,教师补充的知识,甚至是学生通过其他渠道获取的知识,它们在教学中是没有本质区别的。而如果教师选择那些适合学生学习实际的内容,便能大大提升他们的学习动机和兴趣,如此自然也能使学生更加牢靠地掌握知识,更能用积极的态度获取知识,而这恰恰与教育的目的相吻合。

为了提高学生的探究能力和深入地分析历史问题,以及提高收集和加工历史信息的能力,教师还需要精心选择并设计教学内容,而这些都是在学情分析的基础上进行的。

(三)学情分析是教学方法设计的前提

教学方法,是指教师与学生为实现教学目的、完成教学任务所采用的途径和程序。教学方法包含教学中使用的教学方式、教学手段、教学工具、教学开展的步骤和过程以及有关的一切技术措施。教学方法包含教师的"教"和学生的"学"两部分,即教的方法和学的方法。教学方法的核心在于用最恰当的方式传授给学生知识,但其不仅仅如此,而是还要提高学生的能力,使学生学会学习的方法,了解学习的窍门。

教学方法具有双边性,其实质也是在于师生的相互作用。也就是说,在教学中,教师必须要充分考虑学生的各项情况,否则教学效果难以保证,教学行为的意义也不大。随着教育改革的逐步推进以及教育学、心理学等学科的进一步发展,现代教学方法的创造与确立也越发关注突出学生的主体地位。最大的改变就是一改传统的"教法为重"为"学法为重",为此在课堂中就加入了更多新的教学技术。新课程倡导充分调动学生对课堂的参与度,要求他们更多地自己动手、乐于探究,培养学生搜集和处理信息的能力以及分析和解决问题的能力,这也是教学课程改革的重点,而这需要通过合理的教学方法设计来实现。

不过需要说明的是,上面所强调的如自主学习、合作学习和探究性学习等更多的是针对整体学生而言的。如果关注到每个学生身上或不同教学内容的话，还需要教师认真审视和细化教学方法，这也是体现教师灵活开展教学能力的一点。例如，如果对学生采用自主学习的教学方法的话，教师要考虑所教导的学生是否有这种自学的能力，年龄过小的学生显然不适合这种学习方法。如果学生不具备这种能力，显然是无法获得理想的教学效果的，反而会大大降低教学效率。

（四）学情分析是教学媒体设计的前提

教学媒体主要为在教学活动中使用的话语、表情、行为、文字、图像、音频、视频、计算机等媒介。使用这些教学媒体的意义在于用来优化教学的信息表现形式和传递方式。在现代，随着更多媒体技术运动到教育领域，使得在教学中可供选择的教学媒体类型众多，但在选择时一定要注意与学生的身心特点和认知规律相符合。就最基本的表情媒介来说，也要恰当使用才好，如面对低年级的学生总是很严肃，这样会让小学生感到有些紧张；但如果面对的是对成绩要求很高的高中学生，一直面带笑容也会显得不合时宜。

一名出色的教师在对教学媒体进行设计前是要做非常充分的"学情分析"的。鉴于当前多媒体种类的多样化趋势，只是使用单一媒介就想吸引学生的注意力已经越发困难了。这使得教师必须要重新考虑多媒体回归教学本质的问题，要求以适合学生的学习为前提，使多媒体回到教学辅助手段的功能上，充分发挥其信息传递中介的作用。

（五）学情分析是教学评价和教学反思的皈依

教学评价与教学反思是现代教育中不可或缺的环节。但我国教育长期以来对这两个环节的重视程度不足，也未能充分发挥这两个环节对教学的作用，表现为教学评价手段和内容单一。究其原因，传统的评价反思将目光更多地集中在学生智力因素上，而对情感与价值观这种非智力因素并不关注。评价的方式更多的是注重易于观察和定量的外部行为，或是某一阶段的行为结果，忽视了学生心理层面和情感层面的动态发展状况。其实仔细分析后不难发现，教学评价的很多观念和方法与学情分析的内容无异。

再说教学反思。教学反思并不是教师一方的事情，它在包含教师的反思的同时，还包含学生学的反思。从形式上看，既要有自我的反思，也要有合作的反思，如教师与学生之间的交流，学生与学生之间的座谈等。在反思的内容上，既要反思教学设计和教学过程，也要反思教学效果。无论是什么样的反思，都离不开学生的参与，且要做好学情分析。如此才能达到提升教师的教学能力和教学水平以及促进学生发展的反思目的。

三、学情分析的基本原则

（一）全面性原则

学情分析是对学生学习情况的分析。能够影响学生学习状况的因素很多，有些因素对学生学习的影响较大，有些则较小，即分为主要因素和次要因素。但随着时空的变化，主次因素之间也会发生变化，即次要因素变为了主要因素等。为此，在做学情分析时除了要将各种影响因素考虑周全外，还要关注到每种因素间的相互关系，如智力因素与非智力因素的关系等。过往很长一段时间，教师更加关注的是学生的智力因素，然而如今非智力因素越发受到教育学和心理学的重视。实践表明，与单纯的智力因素相比，对于一个人的成长来说，其理想、信念、爱好、性格、气质、自信心、意志力等非智力因素更加重要。尽管非智力因素只是间接参与认知过程，但它会对人的认知过程起到制约作用，因此是不能被忽视的。

为了确保学情分析工作的全面性，还要注意明确一般和具体的关系。所谓一般,是指普通的,对大类的分析。不过在对大类进行分析时,采用的是纯粹运用经验和想象的方式。所谓具体,就是对一些个别学生的小众性分析。教学实践过程中经常能遇到一些学生在小时候就阅读过不少历史书籍,他们对各项历史大事记和历史人物都有着非常不错的初步印象和理解。那么,他们在历史学习中就自然会从其他学生中脱颖而出,也正因为如此,他们会更加喜欢历史课。教师对这类学生的关注要从调动他们的学习积极性入手,这也恰好能带动其他学生的学习氛围。

(二)深刻性原则

学情分析绝不能只是浮于表面的浅层分析。实践中,很多教师在进行学情分析时大多还秉承经验至上的思维,他们的依据多是那些事物的表面现象,忽略了要从事物的本质看问题的态度。这种情况的出现更多的是认识上的问题,如一些教师觉得天天与学生打交道,对学生非常了解,学情分析自然是手到擒来。但实际上却不是这样,这是犯了一个想当然的错误。教师要想掌握学生学习的本质,首先对学情分析的重要性就要有深刻的思想认识,然后要对此进行专门学习,掌握正确的学情分析方法。只有如此,才能做出较为深刻的学情分析,才能让其成为教学设计的重要依据。

(三)多样性原则

多样性,表现的是不同事物间或相同事物中的差异。例如,在一个班中有一些成绩优异的学生,但每个人的优异成绩的获得方式很可能是不同的,如有的是天资聪慧的结果,有的是勤奋努力的结果;成绩不佳的学生其原因也有许多。为此,并不能对学生一概而论。在学情分析中,也要注意秉承多样性原则,而不能只是因为某个学生群体的某方面特质就断言所有学生都是如此。如果以这样的分析结果来指导教学设计,其肯定无法表现出十足的针对性。在学情分析中秉承多样性原则,需要教师研究透彻学生的本质,而不能只是被学生的表象所误导。为此,更需要教师采用科学的方法和丰富的经验去做,只有如此才能让学情分析的结果更切合实际。

（四）具体性原则

学情分析所获得的结果一定要是具体的,空洞的学情分析对教学设计的意义非常有限,甚至会起到一定的误导作用。例如,学情分析认为"某班学生的历史基础较差,不重视历史学科的学习"。那么,在这句学情描述中,所谓的"基础差"到底是差在哪些方面? 对历史学习不重视的原因是什么? 再如,"分了文科班以后,班上同学学习历史的积极性提高了"。在这段表述中缺少对具体问题的分析。学校中普遍存在的情况是,选择文科的学生并非是绝对喜欢文科,而是因为更加不喜欢理科等。这些学情分析的实际效用非常有限。

学情分析对具体性原则的秉承,就是要求教师要抱着尊重事实的态度开展学情分析工作,把学情分析当成一项重要的工作去做,对其中每一项调查都要细致、严谨、科学,如此才能使学情分析发挥出其原有的作用。

四、学情分析的基本方法

学情分析的对象是各类学生,具有一定的复杂性。不过,随着教育教学的发展,到目前为止已经积累了一定的了解学生的方法,并在实践中已经应用,获得了不错的效果。这些常用的方法有观察法、问卷调查法、访谈法和考试法等。

（一）观察法

使用观察法进行学情分析要依赖于一个严格的观察程序,过程中还要对观察到的内容,特别是细节进行记录。

观察法通常有试验观察法和实地观察法两种方式。试验观察法的场景是人为设计的,然后对接受实验的群体和对照群体进行观察,通过比较双方的不同来探讨实验因素的影响。实地观察法则需要观察者参与到设计的场景中去,成为场景的一分子。但观察者在活动中只能作为观察员存在,而不能干扰观察对象的任何行为。但在实践中,要想让学生真的忽视教师在活动中的存在是不现实的,学生的行为多少还是会有一些不真实的成分存在。这需要教师在做最终的学情分析中要适当"挤掉"学生的"表演水分",以此让观察到的结果更加真实可信。

(二)问卷调查法

在开展问卷调查法前首先要明确调查目的,然后圈定调查范围。这个范围的选择关系到调查的成本和时间,因此,只要样本足够有代表性,便基本不要开展大规模的问卷调查。至于如何选择足够量的且有代表性的样本则是专业的技术问题,它要以调查目的为依据,并关注学生样本的性别、年龄、班级、家庭等多方面因素。问卷设计是非常专业的工作,其中最为关键的在于问题的形式。常见的问题形式有封闭式问题和开放式问题两种,在设计问卷时要注意将两种类型的问题相结合来安排。当问卷回收后,就要对其进行整理和统计。现如今,使用计算机对问卷进行整理和统计会节省很多劳动力。

(三)访谈法

鉴于谈话的形式较为简单和直接,使得访谈法对于教师了解学生来说是非常常用的。在访谈中,教师可以在需要的时候根据学生的回答继续追加问题,使进一步了解教师关注的问题成为可能。这是观察法和问卷调查法所不具备的优势。

访谈的形式有正式访谈和随意访谈两种。正式的访谈需要教师提前做好准备,明确访谈目的,选择恰当的访谈地点,其目标主要是收集某些信息或者解决某个问题。如果访谈中会涉及一些隐私的内容,则谈话地点就要非常考究。另外,基于教师和学生身份上的本质不同,访谈时教师需要营造出恰当的关系,让学生对教师有良好的信任感,这样所获得的信息自然更加客观和真实一些。随意访谈相比正式访谈而言就更加随意一些,也并没有特定的主题,谈话中即兴内容会更多一些。

(四)考试法

考试法有助于教师了解学生的历史已学知识的掌握情况,通过既定的历史内容考试,能对学生的相关历史知识的知识水平有一个大致的了解。

考试法根据不同分类标准有不同考试类型,如开卷开设、闭卷考试、随堂考试、周考、月考、学期考试等,不同考试形式可为历史教学了解学生的历史学习情况提供必要参考。

五、学情分析的基本内容

对学情进行分析的内容很多。可以说,基本上只要是涉及学生学习的相关情况都在这个内容范畴之内,如学生的身体状况、学习能力、家庭背景、生活阅历等。这些内容都会对学生的学习情况构成影响。因此,对于学情分析来说,能尽可能掌握到更多的内容自然是好的。但是学情分析的实践中,几乎不可能收集到如此详细的信息,也做不到对每名学生都进行调查和访谈,这会大大降低学情分析的效率。通常来说,做教学设计中的学情分析只要能包含其中较为关键的内容即可,这包括学生的一般特点和学习环境。

(一)学生的一般特点分析

处于任何年龄阶段的学生都有其各自阶段的独特认知特征。美国著名教育学者皮亚杰将儿童认知的发展分为四个阶段,即感知—运动阶段、前运算阶段、具体运算阶段和形式运算阶段。

对于这四个阶段来说,每一阶段都是一个整体,并且有自己的行为模式。后一阶段中的行为模式总是在前一阶段的基础上获得的整合,相邻的两个阶段的前后顺序不能互换。各阶段出现的年龄因个人智慧程度和社会环境不同而发生差异,可提前或推迟,但阶段的先后次序则保持不变。

1. 学生认知特点分析

就认知层面和能力来说,不同年龄阶段的学生有很大的差异,并且其许多非智力因素也有不少差别。例如,初中阶段的学生对自己的理想还多为宇航员、科学家、将军等。而到了高中阶段时,自身的认知与现实生活就显得联系更加紧密了一些,如想当个医生、警察、教师、软件工程师等。当然这也会带来一些不利的因素,如会造成一些学生学习意愿下降等。

对不同年级的学生在要求上要有所不同,这主要体现在对学生能力方面的要求。例如,同样是讲授鸦片战争的历史内容,但对高一和高三学生来说,教师的讲解方式就有很大区别。对于高一学生来说,他们只要能在学习之后简述鸦片战争的大概经过,记住《南京条约》的内容就可以了。但对高三学生来说,除了这些较为基础的内容外,还需要他们能将这场战争与英国工业革命相联系,以及比较导致两次鸦片战争爆发的原因的异同。高中阶段的学生有三年的学习时间,为此,教师在教学上应有一个通盘设计,这是最为符合学生认知力和理解力发展特点的做法。

2. 学生知识结构与基础分析

对于历史教师来说,全面了解与分析学生历史知识结构、历史知识基础,有助于历史教师有针对性地合理设置历史教学目标和学生发展目标,同时,在此基础上的历史教学,有助于学生更好地掌握历史知识,打好历史学习基础,为以后的历史知识不断丰富和学习成绩不断提高奠定基础。

3. 学生性别及学习能力特点分析

学情分析中需要考虑到性别因素。美国心理学家桑代克所做的实验证明了女性在语言表达、短时记忆等方面优于男性,而男性在空间知觉、分析综合能力、实验观察、推理和历史知识的掌握方面优于女性。导致这些差别出现的原因有生理上的,也有社会层面的,因此可以断定,性别对学习情况是会构成一定影响的。

在当前的高中历史教学中,高中男女学生因性别在文理科方面的学习能力也表现出显著差异,如文科班的女生人数总是占绝大多数的。这恐怕就是因为女生在语言表达和短时记忆方面的能力优于男生,所以学习文科类学科更具有优势。

4. 学生非智力因素特点的分析

其实说到性别对于学习的差异,还体现在性格、气质、情趣、理想等非智力因素上。这也使得一些男生在历史方面的造诣比女生更强。这是由于,通常男生比女生更关注时政、军事等信息,对英雄更加崇拜,也更乐于分析跌宕起伏的历史事件。反观女生则更关注个体的命运,时常为具体历史人物的命运而感叹。

5. 学生群体的时代特点分析

近几十年来,我国一直处于急剧的社会转型期,不同时代的学生也带有不同的思维特点,展现出显著的时代烙印。例如,80后作为第一代独生子女非常强调自我意识;90后是在物质相对丰富和信息化社会中成长起来的一代,他们秉承的是自信张扬的特点。

因此,教师必须充分认识到不同时代的学生的生理与心理程度不同,对社会与教学内容的认知与理解不同,学习出发点与动机也会有一定的差别,教师在面对不同时代的学生时,应了解不同时期学生的特点,对此多予以包容,多换位思考,而不应只是高高在上的感觉。这样才能坚持历史的内在要求和自己的特色,做到既不刻意迎合学生,也不远离学生。

(二)学生的学习环境分析

1. 物质环境

学生的学习环境对学生学习状况的影响是较大的,这是在做学情分析时的一项重要内容。现如今虽然提倡均衡教育,但要想真的做好仍旧任重道远。就学习环境来说,不同地区的学校软硬件条件有着很大的差距,受制于经济水平原因,短期内是难以从根本上获得改变的。就此来看,所选择的教学模式和使用的教学方法一定要结合学习环境实际,一味照搬模仿是不可取的。

2. 心理环境或精神环境

处于不同班级的学生,会由于班风和学习氛围的不同而产生,这是生源和分班方式导致的,当然也与不同的班主任和任科老师的教学风格有关。管理严格的班主任带出来的班通常学生更加规矩,但在一些活动参与感上有些不足;如果班主任是那种追求自由,秉承相对开放的管理方式,那么这个班级的氛围就会更加活跃,但在纪律管理上又要多下些功夫。

3. 成长环境

如果在有条件的情况下,进行学情分析时还可以深入到学生家庭,对其家庭背景有一个大概了解。家庭的成员结构、经济情况、文化氛围、居住环境等都可能会给学生的学习带来一定影响。家访无疑是最常见的了解学生家庭状况的行为方式,这在特定时期起到的效果很好,不过随着时代的发展和人们隐私意识的加强而显得有些过时。但是,家访的作用在某些学情分析中还是不能完全被替代的。只有那些亲眼看到的、亲身感受到的家庭情况才是真正对学情分析有价值的信息。对于特殊的学生、特殊的情况,家访可能会取到意想不到的效果。

第三节　高中历史课程教学设计核心要素之论

一、历史教学立意的设计

（一）审视历史教学立意的标准

1. 教学立意要聚焦，不要松散

一堂课要有一个中心或灵魂，教学立意是其通俗表达。作为"中心"或"灵魂"，确定教学立意时要聚焦，不要松散。以《星星之火，可以燎原》一课为例，一般说及教材内容时都会涉及南昌起义、井冈山根据地的建立、红军长征，有些教师也会指出南昌起义是沉寂黑夜中所打响的果敢、意义深远的第一枪，井冈山根据地是创建农村革命根据地的开始，红军长征是保存革命力量、革命转危为安的关键，但这种"说法"很松散，并不聚焦。事实上，本课的课题是《星星之火，可以燎原》，说课中应紧紧围绕这一课题，让学生明白：南昌起义、井冈山根据地的建立为什么会变为"星星之火"？为什么说"星星之火"可以"燎原"？"燎原"的情况如何？为何又"熄灭"了？长征为何成功，使其变成了"火炬"？如此聚焦，教材内容就有了主线，说课也就有了"灵魂"。

2. 教学立意要具体，不要抽象

确定教学立意时虽然要聚焦，但也不是向抽象方面"走"。所谓"本课教材在本单元中处于什么位置""本课是关于什么内容"等，是抽象的形式之谈；而所谓"本课内容有什么影响""本课内容对培养学生起什么作用"，则是抽象的内容之谈。如此分析，实质上并没有触及教材的核心内容，也是造成说课过程中教学目标错

位、教学逻辑断裂的重要因素。教学立意要聚焦,同时更要做到具体。《星星之火,可以燎原》一课,倘若循着以上的聚焦思路,不难得出以下教学立意:大革命失败后,中国共产党在血泊中意识到只有依靠广大农村,建立独立武装才可能夺取政权,于是先后发动南昌起义、秋收起义、广州起义等,建立了以井冈山为中心、分布全国的根据地,大有星火燎原之势。不幸的是,由于国民党蒋介石的围剿和内部"左倾"错误,中国共产党及其红军不得不放弃井冈山等根据地,走上艰苦卓绝、不屈不挠的长征路,并痛定思痛、抓住机遇,以北上抗日为旗帜,依靠军事策略和官兵一致的大无畏革命英雄和乐观主义精神,终抵延安,开始了走向"燎原"的征程。如此确定教学立意,"南昌起义""井冈山根据地的建立""红军长征"等重要历史事件都贯穿其中,且内容关联,逻辑通畅,教学立意的指涉十分具体。

3. 教学立意要贯通,不要孤立

教学立意虽然是对本节说课内容的凝练,但显然并不局限于本节课。教学立意要上接下连,前后贯通。这里的贯通,既有史实联系的贯通,也有教学逻辑的贯通。史实联系的贯通,是针对本课史实与前、后课史实联系的贯通。南昌起义、井冈山根据地的建立,之所以成为"星星之火",是针对前课的国民大革命失败格局、中国共产党处于绝地的时代背景而言的。"星星之火"之所以能燎原,与井冈山根据地建立的原因及其他革命根据地发展的经验有直接关联。虽然受国民党的军事围剿以及中国共产党"左倾"错误的影响,"星星之火"后来遭受重挫,但长征后它最终成为燎原的革命"火炬",与中国共产党的政治军事策略、大无畏的革命英雄和乐观主义精神密切相关,这也与后课中关于抗日战争的史实相贯通。从教学逻辑上看,针对学生的认知经验,本课的导入可接着前课,直接讲述"星星之火"在绝地中迸发。鉴于教材内容仅涉及南昌起义、井冈山根据地的建立,可补充其他根据地建立的情况与经验,用事实告诉学生"星星之火"应当"可以燎原"。

由此,"星星之火"即井冈山等革命根据地的建立与发展的原因、经验和教训,也就成为本课的教学难点。

(二)确立历史教学立意的策略

1. 从课程标准中挖掘教学立意

课程标准是国家设置学校课程基本的纲领性文件,是国家对基础教育课程的基本规范和质量要求。它是教材编写、教学、评价和考试的依据,是国家管理和评价课程的基础。[①] 从某种程度上讲,课程标准是对一定层级学校的教学科目及其内容范围和教学组织程序的规范界定,体现了对某方面或某领域基本素质要求的规定,具体又体现于课程标准中所确定的课程目标和课程内容。课程目标的指向功能主要体现在它规定了各科教材、教学中所要实现的课程目标和各科教材、教学中所要学习的课程内容,规定了评价哪些基本素质以及评价的基本标准。就其内在本质而言,它是教材、教学和评价的灵魂,也是整个基础教育课程的灵魂。

历史课程标准不仅对历史课程内容进行了规划,而且规定了历史学习的要求和价值取向。历史课程标准中的内容标准部分,主要是针对特定历史学科内容而制定的具体目标要求,具体包括板块(模块)目标以及各学习要点的内容目标,它是所有学生学习此部分内容后所必须达到的目标,也是教师选择学科知识、确定教学主题的指向标。

课程标准的上述属性,意味着可以从课程标准的内容标准中挖掘教学立意。主要分为两种类型:一类是显性的,即课程标准中的相关内容已较明确地提示了主旨意向。比如,《美国联邦政府的建立》一课,其课程标准的内容要求是"说出美国《1787年宪法》的主要内容和联邦制的权力结构,比较美国总统制与英国君

---

① 钟启泉,崔允漷,张华,等. 为了中华民族的复兴,为了每位学生的发展:《基础教育课程改革纲要(试行)》解读[M]. 上海:华东师范大学出版社,2001.

主立宪制的异同"。据此,有教师认为,从世界范围来讲,与当时很多国家的政治制度相比较,美国的总统共和制显现出有些超前的民主性,形成了自己政治制度的特色。因此,本课的教学立意应确定为:美国《1787年宪法》确立了美国三权分立的总统共和制政体,是世界政治制度史上的重要创新,它是美国国情和民情及其独特的立国经验的产物。另一类是隐性的,即课程标准的内容要求的表述里隐含着教学立意的提示。如"人文精神的起源及其发展"这一单元(下设三课:《西方人文主义思想的起源》《文艺复兴和宗教改革》《启蒙运动》)主要叙述了人文主义的起源和发展。课程标准的内容要求是:"(1)了解古代希腊智者学派和苏格拉底等人对人的价值的阐述,理解人文精神的内涵。(2)知道薄伽丘等人的主要作品和马丁·路德等人的主要思想,认识文艺复兴和宗教改革时期人文主义的含义。(3)简述孟德斯鸠、伏尔泰、卢梭、康德等启蒙思想家的观点,概括启蒙运动对人文主义思想的发展。"这三条中有两条都提示教师可以从"人文精神的内涵"或"人文主义的含义"挖掘教学立意。因此,有教师就抓住"人文精神的内涵"发展的阶段特征——人性、人本、人权,来确定教学立意:文艺复兴时期要求打破以神为中心,突出人的价值,这时的"人文精神的内涵"是"人性",认识到作为群体的人的存在;宗教改革时期提倡反对教皇、教廷的说教与统治,信徒自己去阅读《圣经》,"人文精神的内涵"发展为"人本",突出作为个体的人的价值;启蒙运动时期要求打破一切外在权威,突出人独立思考的理性,强调天赋人权、自由平等、三权分立,此时"人文精神的内涵"发展为了"人权"。这种稍挖一下的方法,需要教师有意识地仔细阅读与分析课程标准和教材。[①]

2. 从单元的各个课节主题中贯通教学立意

单元是课程螺旋式上升的基本单位,也是课程设计的基本单

---

① 侯桂红.试论历史教学立意的概念、确定方法和评价标准[J].历史教学(中学版),2015(4):18-24.

位。体现于教材中,几课组成一个单元,作为一个教学主题,它不仅重视对单课的内部组织,也重视各课之间的内容联系。落实于课堂中,单元是实现课堂教学目标的相对完整的过程,是教学过程的基本单位。把一个单元看作一个教学整体,在这个单元教学整体观的指导下,它可通过对比寻找单元内各课的共同点与不同点,据此提炼教学主线。单元是衡量教师教学和教材驾驭能力的基本单位。

单元的特性及其由几个课节主题组成的结构状况,启示教师可以从单元的各个课节主题中贯通教学立意。也就是说,可以根据课程标准对单元主题(内容模块)核心观点的目标要求,把单元主题的整体要求贯通、分解于该单元的每一课中,从而确定此课的教学立意。此种策略需要尤其关注课程标准中单元主题的核心观点及教科书的单元导言。以初中《民族团结与中外交流》一课为例,这一课属于"繁荣昌盛的隋唐文明"单元主题,该单元主题的整体要求是了解隋唐的繁荣,单元中的各课分别从政治、经济、民族关系、对外关系、文化等各个侧面证明单元核心观点,因此具体到这一课的教学立意可以确定为"民族团结与中外交流是隋唐尤其是唐朝繁荣的原因,也是唐朝繁荣的表现"。①

另外,还可以基于单元主题,归纳单元内各课节内容蕴含的历史逻辑,从历史逻辑的贯通中定位,把握此课的教学立意。比如,《法国大革命》一课,有教师先从本单元所包含的英国革命、美国独立战争和法国大革命等课节内容中归纳贯通各课内容的历史逻辑:英国革命在实践中催生了启蒙思想,英国革命成为启蒙运动酝酿产生的土壤。但伟大的革命一旦成功,便使产生革命的原因消失,革命由于本身的成功,反而变得不可理解了,②英国革命胜利的同时,反而使启蒙思想在英国失去了激动人心的力量。美国独立战争是启蒙思想经过法国思想家系统化、理论化之后的

---

① 於以传. 中学历史课堂教学把握内容主旨的基本途径与方法[J]. 历史教学问题,2012(4):122.

② 托克维尔. 旧制度与大革命[M]. 王千石译. 北京:九州出版社,2013.

首次实践。其胜利是对启蒙思想所表达的价值观的一次肯定,但其民族解放的另一重要意义则使得这次革命对于处在旧制度下的欧洲文明而言,缺乏可供效仿的典型性。而历时 26 年的法国大革命,高举自由的大旗,发出振聋发聩的呐喊,为在旧制度下渴望冲破樊笼的欧洲大陆提供了可资效法的楷模。又不惜以强制性手段将启蒙运动的思想武器亲手塞到左邻右舍的手中,对旧制度在欧洲大陆上的崩溃乃至世界的现代化进程起到了重要的推动作用。找到了这一历史逻辑,《法国大革命》一课的教学立意逐渐凝聚成型:"法国大革命是启蒙思想与 18 世纪晚期法国社会现实碰撞的产物,是人们对于启蒙思想的实践,但其曲折和反复也激发人们不断反思、重新认识启蒙思想。"[①]

3. 基于教材提炼教学立意

教材是课堂教学的最重要教学资源和工具。教材以一定的内容和形式具体体现了课程标准的内容和要求。优质教材可以使学生已有的生活经验和认知结构与学校的科学知识、概念与价值观念建立有意义的联系,在学生的感性世界和科学的理性世界之间架起最短的桥梁。[②]

历史教材根据历史课程标准编写,但同时它又呈现了编者所理解和认同的历史。从大的层面讲,它体现了国家意志;从小的层面讲,它是编者对历史的阐释。教材有着自己的内在精神和主题。从策略上讲,教师可以将教材所呈现的观点、价值,甚至将教材的观点性标题直接提炼为教学立意。具体又可分为:

其一,直接摘取或凝练教材的标题,以此作为教学立意。教材的标题,就大小而言,可具体分为单元、课节或一目的标题,但它们通常又是统摄、阐释教学内容的核心观点或主张。有些可以直接作为教学立意。比如,《发达的古代农业》一课中的第二目

---

① 陈宇静. 在历史的三维中勾勒课堂的"灵魂":对《法国大革命》一课的回顾与反思[J]. 历史教学(上半月刊),2015(4):14.

② 刘继和."教材"概念的解析及其重建[J]. 全球教育展望,2005(2):49.

"精耕细作的传统农业",就可以直接立意为"精耕细作",即可揭示中国古代农业的特征和内涵。① 在更多的情况下,可以对教材标题进行凝练或加工,据此生成教学立意。教材的一般性标题通常取自课程标准中课程内容的二级或三级标题,这些表述往往经过了"课程标准"制定者的深思熟虑,其本身蕴含着丰富信息,由此可从教材标题的含义中把握、确立教学立意。以初中《清末民初的文化教育》一课为例,此课既要揭示标题所内含的史学意义,又要把握其时代特色,扣住"清末民初的时代特征"和"文化教育的本质诉求"是关键。"这一课的内容主旨绝不是简单地按'京剧与话剧《申报》与商务印书馆"癸卯学制"'三目平均提炼,更不是把教学处理成戏剧史、报刊史和教育史等专业史的系统叙述,而是要从课文三个目的具体内容中抽离、概括出共性的指向。即京剧指向传统的戏曲,而话剧在当时来讲属于新剧种,它诞生的背景与目的是什么? 它与京剧在受众上有什么本质的差异?《申报》的文章与商务印书馆印制的书籍,在内容上有何特点? 为什么既有历史传统的,又有现代色彩的?'癸卯学制'后的课程设置有什么特点? 为什么既有儒家经学,又有格致、工科、商科、农科、医科、法政和文学等科目? 在教学方式上较之过往有何不同? 为什么会不同? 所有这些指向文化教育的内容仅仅停留在文化层面和教育层面吗? 这些致力于文化教育的人士这样做的根本目的又是什么? 如果把这些内容与问题梳理清楚了,这课的内容主旨(教学立意)就可概括为:文化救国与教育救国是中国近代多数知识分子面对民族危亡所做出的选择,其着眼点在于开风气、启民智;处于新旧体制交替时期的文化与教育,在观念上既有继承也有创新,在内容上既有广度也有深度,在受众上既指向社会精英也面向普罗大众,体现了清末民初特有的时代特色。"②

---

① 侯桂红.试论历史教学立意的概念、确定方法和评价标准[J].历史教学(中学版),2015(4):18-24.

② 於以传.中学历史课堂教学把握内容主旨的基本途径与方法[J].历史教学问题,2012(4):122.

其二,提炼教材内容的核心观点。教材内容所反映的史实虽然是唯一的,但历史书写是多元的。教材内容会有意无意地向我们提供一些多样化的观念和视角,这些观念和视角可能并不清晰,可能隐藏在字里行间,也可能存在于教材的非正文内容中,还可能隐含在相关章节的关联与迁移中。因此,需要教师对教材内容进行深度思考,对相关联的章节内容进行取舍、整合,提取共性思想。或者利用教材引用的史实进行拓展与综合,深化对历史的感悟。比如,高中《王权与教权》一课,课文内含"加洛林王朝的建立""丕平献土""查理加冕""卡诺莎觐见""阿维尼翁之囚"五个具有代表性的史实,揭示中世纪西欧教权与王权之间的关系。在教学中,要注重以点带面地勾勒历史发展的大致轨迹,果断地割舍掉细枝末节,只讲主流。因此,这一课的内容主旨(教学立意)可以概括为:西欧封建社会王权与教权之间的关系,以教权加强王权始,以教权渐趋衰弱终,其本质是一种互相利用、互相依存、互相争斗和互相制衡的关系。①

4. 基于学术成果引申教学立意

历史课堂需要学术奠基。从某种程度上讲,无论是课程标准内容,还是教材观点,进入历史课堂时都需要教师作专业、学术的学理性审视。教师要及时研读史学成果,针对历史课堂的特定教学内容,定位其在专业历史发展中的阶段与特征,分析本课教学内容在长时间段历史进程中的特点、地位与作用,并结合本课目标、学生特点等要素,概括、引申出能够统摄本课教学内涵和价值的教学立意。

基于学术成果引申教学立意,分为两种情况:一种情况是归纳、拓展教材中的学术新观点,由此引申教学立意。比如,《秦末农民起义》一课包含"秦的暴政"和"第一次农民起义"两目,这课的重点是在第一目引出的"秦为何短命而亡"上做文章。但注意

① 於以传. 中学历史课堂教学把握内容主旨的基本途径与方法[J]. 历史教学问题,2012(4):122.

教材对秦亡原因的叙述,除了揭示"暴政"这一主因外,还有这样几处表述:"秦朝……在长期群雄角逐中积累起来的经验,并不完全适合统一后社会发展的需要。秦朝统治者不能审时度势,改弦易辙""秦……仍沿用旧制,令身处今安徽、河南交界处的陈胜、吴广等 900 名农民北戍渔阳,连同往返,至少也得数月""秦统一后,……六国臣民对秦的归属感和秦制的认同,都非在短时期能够建立的",由这些与以往教材不同的表述(学术观点),不难概括出本课的内容主旨:从主因看,秦亡于暴政而导致的农民起义,但深入看,秦王朝没能正确地审时度势,调整统治政策;六国臣民对秦的归属感和秦制的认同度不够等,均是导致秦短期而亡的原因所在。同样的例子还有《社会变革与百家争鸣》,这一课的表述中有"春秋战国时期,……经济、政治、文化等各个领域都发生了急剧的变革""最深刻的变""整个社会呈现出前所未有的追逐利益、实力竞争的新局面"等词句(学术观点),如何抓住这些词句做足文章、揭示主旨是关键。如果想明白了这点,那么学习"百家争鸣"的内容,"为何争鸣""争鸣什么"也就有了依托。这一课的内容主旨可以概括为:春秋战国时期,经济领域的变革是使整个社会呈现出追逐利益、实力竞争局面的关键。"百家争鸣"也正是在这种局面下围绕着如何治理社会、安定人心而展开的。[①] 另一种情况是借助课外学习的学术成果,将其应用于课堂,从中引申教学立意。比如,根据新航路开辟在世界历史发展中的地位,即史学界一般将新航路开辟作为世界近代史的重要前奏之一,有教师将《新航路的开辟》一课的教学立意确定为:新航路是人类文明从"区域史"走向"世界史"的起点,是资本主义从西欧走向全球殖民扩张的开端。[②] 还有教师根据已有学术成果,认为《希腊先哲的精神觉醒》一课的内容排列是从最初的自然哲学到社会哲学、人的

---

①　於以传. 中学历史课堂教学把握内容主旨的基本途径与方法[J]. 历史教学问题,2012(4):120-124.

②　林镇国. 初中八年级《新航路开辟》教学设计及说明[J]. 历史教学(中学版),2011(7):16-18.

哲学,其中推动希腊哲学前进的动力是"幸福",所以,"希腊先哲的精神觉醒"就是对人类幸福感的追求。由此将本课的教学立意确定为"为了人类的幸福感"。①

5. 基于史学特质拓展教学立意

所谓史学特质,就是诸如历史意识、史学方法等史学所独具的学科品质。基于史学特质拓展教学立意,主要指凭借"如何探究过去""如何认识历史"的视角、方法去把握与拓展教学立意。比如,作为中国古代史开篇的《中华文明的摇篮》一课,其教学立意就不应局限于"满天星斗,八方雄起"等中华文明起源与形成的特点,而更应揭示出"如何从考古发现和神话传说中认识远古历史"的思想方法;《文献与考古中的夏文化》一课,其教学立意也不仅仅落脚于从"大同之世"进入"小康之世",从"天下为公"转变为"天下为家"这类夏朝所具备的国家基本特征上,而更应揭示出"如何从考古发现、后世的文献记载中认识夏的历史"的思想方法;《商朝与青铜文化》一课的教学立意,也同样不仅是落脚于商朝文明的种种表现与特征上,而是揭示出"如何从考古发现、后世及当时的文献记载中认识商的历史,从而认定商朝历史为信史"的思想方法。再比如,《唐朝的诗与画》一课,如果按教材"李白与杜甫""吴道子"两目序列,处理成诗与画作者生平介绍,或是诗与画欣赏课,就完全不是历史课的路数。但如果把这一课的教学立意设定为:唐代诗与画的兴盛与其特定的时代背景有不可割裂的联系,作为文学艺术作品的诗与画,能够印证作者所处的时代和作者本人对历史的认识。这就蕴含着两个目标,一是将文学艺术的发展置于特定历史背景中,从而揭示出其与历史发展的双向互动作用;二是侧重从文学艺术作品的证史价值入手,揭示历史材

---

① 王继平. 论历史科"主题化"课堂教学:以高中历史课堂教学为例[J]. 历史教学问题,2012(3):119-121.

料的宽广性和其证史的价值所在。① 如此做法,事实上也深化、拓展了教学立意。

以上主要从课程标准、单元主题、教材内容、史学成果以及史学特质等教师容易操作、便于实践的角度,探讨了确立教学立意的策略。当然,从学生方面看,教学立意的确立,最终更应适合学生的认知能力,便于学生在教学立意引导下积极参与课堂,并能对学生的认知发展、心灵成长产生积极与持久的影响。

二、历史教学目标的设计

(一)历史课堂教学目标设计的流程

1. 研究在教学目标体系中,课堂教学目标要完成的具体任务

课堂教学目标是整个教学目标体系的基本组成部分,与不同层级的教学目标有着纵向或横向的关联与对应。如果在研究整个教学目标体系的基础上来审视课堂教学目标,从宏观上把握历史学科在学校课程体系中的价值与定位,可以较为准确地确定课堂教学目标要完成的具体任务,尤其是从学科立德树人的高度定格课程教学目标的主旨与方向。

2. 研究历史课程标准

历史课程标准体现国家对不同阶段学生在知识与技能、过程与方法、情感态度与价值观等方面的基本要求,体现国家对不同阶段学生历史学科核心素养的要求。历史课程标准不仅规定了历史课程的性质、目标与内容框架,还提出了相应的教学建议和评价建议。研究历史课程标准,了解国家或社会对培养学生的学科素养方面的具体规定,以确定历史课堂教学目标的关键组成等。

---

① 於以传. 中学历史课堂教学把握内容主旨的基本途径与方法[J]. 历史教学问题,2012(4):120-124.

3. 了解学生的实际发展水平和发展需要

学生的实际发展水平、素养结构、能力与知识构成是有阶段性层次的,了解学生现有的发展水平,才能知道学生的"最近发展区"在哪里,才能确定学生可以达到的历史课堂教学目标。

4. 研读历史教材内容

历史教材是历史课程内容的具体化。不同版本的历史教材对课程标准所蕴含的学科核心素养要求、课程目标有不同维度的体现与内容侧重。历史课堂教学目标设计要考虑具体的教学内容,否则课堂教学目标便没有了实际的支撑点。

5. 研究历史课堂教学立意

好的历史课要聚焦一节课的教学立意。在通读历史课程标准、教材以及此课所涉及的史学内容基础上,与本节课对应的课程目标、学科核心素养要求相调适,在整节课的层面上研究此课的教学立意,便于使课堂教学目标更加凝练与精要。

当然,在上述设计流程中,应该主要地基于历史课程标准并结合教材内容,来设计历史课堂教学目标。好的历史课要有教学立意,但如果一般教学设计中确定不出好的教学立意,或对此课没有明确的定位与把握,设计者应该主要考虑历史课程标准与教材。我国的课程标准包括前言、课程目标、内容标准、实施建议等部分,其中,内容标准就是学习者某一个阶段的学习目标,它表明了学习者在某一阶段的学习后所要达成的预期学习效果。从内容标准到教学目标,中间都会存在着一段比较大的距离。从历史课程标准中的内容标准到具体的历史课堂教学目标,需要经过多重转化,即内容标准—学年/学期目标—单元目标—课题目标—课堂教学目标。由此,教师必须在深刻理解历史课程标准的基础上对内容标准进行解构(即细化与分解),然后在具体的教学情境中,结合教材的内容和学生实际,对内容标准进行重构,形成单元/课题/课堂目标。因此,从内容标准到教学目标的转化需要一个有效的技术框架来支撑。基于课程标准设定教学目标的五个步骤是:确定与教学相符合的某一具体课程内容标准;分析内容标准的句型结构和关键词;剖析或扩展关键词;构建剖析关系图;根据目标叙写规范,写出清晰的学习目标。[①]

从微观操作上看,历史课堂教学目标的设计一般要经过以下步骤:一是目标分解。要设计历史课堂教学目标,就必须依据历史课程标准中的课程目标,通过模块(单元)目标或主题目标,层层分解,才能确定切实可行的课堂教学目标。二是任务分析。可以根据历史课堂教学目标,进行任务分析。在此,主要是指为了达成历史课堂教学目标的具体规定,对所需要学习的知识与能力、态度与情感或需要培养的学科核心素养等进行具体的解析、落实。三是目标表述。根据上述结果进行目标表述。课堂教学目标是针对学生的学习结果的具体表述。要设计出合适的历史课堂教学目标,必须对历史课堂教学的具体情境、学生的行为状态做出具体、明确的表述,再将这些表述进行分类,尽量使课堂教学目标的制订更为合理。

(二)历史课堂教学目标的表述

陈述特定的教学目标,需要从一般意义上把握教学目标的内涵与要点,具体如下。

(1)教学目标是教学任务的具体化指标,是师生双方在教学活动中预期达到的结果标准,因而不只是教师所要做的事情。

(2)教学目标作为指标体系具有可操作性,给师生双方的心理行为变化提供指南性、程序性和相关联因素的系统整体性,因而不只是教学内容的纲要性陈述。

(3)教学目标应符合目标分类学研究,体现学生的全面发展要求,从知识性、发展性、教育性三个方面进行陈述,并且要能体

---

① 刘颖,岳亮萍.基于课程标准设定教学目标[J].教育理论与实践,2012(10):54.

现这三类目标的相互联系。

（4）教学目标作为实现教育目的的中介，不应囿于特定的教学内容或教学空间，应引导学生将所达成的心理行为迁移运用到社会生活中去解决问题，即教学目标具有辐射生活的功能，具有实现教育目的的功能，这种中介性特征就决定了教学目标隐蔽着迁移要求，因而教学目标不能搞封闭式的终结性陈述。

（5）教学目标作为教学活动所要达到的教学预期标准，它为教学评价提供了具体明确的依据。因此，教学目标的评价性功能决定了我们对教学目标的陈述不宜过于抽象化、概括化，否则师生检测评价教学结果时就会遇到困难。

扣准以上五点，我们在陈述教学目标时就有了最起码的标准，不仅可以杜绝出现这样或那样的错误，而且可以使我们的陈述达到规范化。[①]

从课堂教学目标设计的效果来看，澳大利亚教育专家科林·马什认为，制订教学目标应遵循的标准："范围"，即目标必须足够广泛，包括一切可能与知识、技能和价值观相关的预期的结果。"连续"，即结果必须互相关联，反映一致的价值取向。"适当"，即目标必须适合不同年级水平的学生。"有效"，即目标必须反映和说明我们对它的定义。"弹性"，即目标必须是所有学生都能达到的。"具体"，即目标不能模棱两可，而且要用词准确。[②]

从历史课堂教学实践看，历史课堂教学目标表述的方式主要有行为目标和表意目标两种。一种是行为目标的表述方式。行为目标的表述方式主要确定学生的学习结果是什么，所采用的行为动词要求明确清晰，可以在实际操作中测量和评价。这种表述方式主要用于知识与能力领域。如，掌握秦朝建立的时间、都城；了解秦朝为巩固统一的封建专制主义中央集权制而采取的措施；

---

① 靳玉乐,胡志金. 关于有效陈述"教学目标"的思考[J]. 课程·教材·教法,1997(2):44.

② ［澳］科林·马什. 理解课程的关键概念[M]. 徐佳,吴刚平译. 北京:教育科学出版社,2009.

识读《秦朝疆域图》;概述秦朝灭亡的原因等。历史课堂教学目标
的具体性、明确性,主要取决于行为动词的可观察性和可操作性,
所以应尽量将诸如"知道、理解、掌握"等含义不易确切把握的词
具体化。谨慎选择行为动词,某一类型的行为动词一般表示学习
结果的某一类型和层次。如,"识记"这一层次一般选择"指出、标
明、列出、选择、背诵"等动词,"领会"这一层次一般选择"区别、估
计、解释、引申、归纳、举例说明"等动词,"分析"这一层次一般选
择"图示、细述理由、比较、区别、举例说明、评析"等动词。另一种
是表意目标的表述方式。艾斯纳曾经论述道:表意目标是学生可
以应用其过去所学的种种技能理解主题,透过这个主题,学生的
技能和理解扩大了、精致了,而且能够更加显示个人特质。表意
目标所要的不是学生反应的同质性,而是学生反应的多元性。在
表意的理念中,教师希望提供一个情景,学生由此获得其个人的
意义。而学生在此情景中生产的成品,不论是理论的或品质的,
都会因人而异。结果,这种情景中的评价工作不可应用共同的标
准于各种成品之上,而应该促进个人反省那些成品,显示产品的
特性和重要性。① 在历史课堂教学中,表意目标主要描述学生的
心理感受和体验,所采用的行为动词也往往是体验性的和过程性
的。这种方式指向无须结果化或难以结果化的教学目标,常常用
于"过程与方法、情感态度与价值观目标",如,通过查阅历史文献
资料,收集成语典故,讲述春秋争霸的故事;通过对儒、法、道代表
人物思想的了解,确立积极进取的人生态度,形成敢于表达思想、
尊重别人意见的个人素质等。

　　历史课堂教学目标表述的基本要素主要包括四个方面:一是
行为主体。即主要是针对哪一个层次的学生。二是学生的行为。
说明学生通过一节课的学习后,应该获得什么样的知识与能力,
情感态度与价值观有什么变化。三是确定行为的条件。条件是
指能够影响学生学习结果特定的限制或范围。四是表现程度。

① 黄政杰.课程设计[M].台北:东华书局,1991.

程度是指学生达到历史课堂教学目标的最低衡量标准,是阐述学生学习成就的最低水准。当然,并不是所有的历史课堂教学目标都要包括这四个要素,有时为了陈述方便也可简略。历史课堂教学目标的表述还要注意以下两个问题:其一,历史课堂教学目标表述使用的行为动词要尽可能是可理解、可评估的。教师应该根据历史课程标准提出的要求,逐步分解目标,选择恰当的行为动词来明确地表述应该达到何种结果,以加强历史课堂教学设计的可操作性。其二,历史课堂教学目标的表述要尽可能说明行为结果产生的条件和所要达到的程度。行为结果产生的条件指影响学生学习结果的特定的限制和范围。一般的表述有四种类型:关于使用手段或辅助手段,如"结合图片、教师提供的资料,识读……";提供信息或提示,如"在《秦朝疆域图》中,找出秦的疆域四至";时间上的限制,如"在5分钟内,阅读关于秦始皇个人的资料";完成行为的情形,如"在课堂讨论时能够说出有关秦始皇的个人情况"等。

三、历史教学流程与环节的设计

(一)历史教学流程与环节的主要类型

决定历史教学流程与环节的有教育理念、教育理论以及学习理论等因素。由于一些因素的不同,在决定历史教学的流程与环节上也需要有不同的类型。

1."传递—接受"类型

"传递—接受"类型的基础为苏联教育学家凯洛夫的教学思想,此后我国教育学者又结合了我国传统教育思想和教学实践经验后最终得以确立。从基础理论的角度上说,"传递—接受"类型教学流程与环节是辩证唯物主义的认识论和有关的心理学、教育学基础理论,主要是行为主义心理学理论。学者认为,历史知识本应包含具体的历史知识以及规律性的历史知识(历史概念、历史线索和历史规律等)。对于那些具体历史知识来说,它们是客观存在的,而规律性的历史知识则不然,它是在具体历史知识的基础上通过唯物史观的指导得出的结论,当然这种结论也是科学的。两者相比起来,历史知识是客观存在的,而且不会发生什么改变,具有科学一元性特征。由此一来,历史教学也就成为了师生对历史知识教与学的信息传递过程,此教学活动的程序有如下五个。

(1)组织教学。组织教学的工作在进行正式课程讲授的前面,在这个阶段中,教师要求学生做好有关学习的各项准备,如必要的学习用具以及适当的心态等。

(2)检查复习。问答环节是主要的检查复习的形式,这一环节除了用作检查以往学习过的知识的夯实程度外,还是一种对新旧知识进行关联的导入课程方法。

(3)讲授新教材。讲授新教学内容是历史教学活动中的主体部分,教材是教师开展讲授活动的媒介,同时教材也是学生学习历史知识的重要来源之一。

(4)巩固新教材。对新教材进行巩固教学主要是由教师对新学习内容的总结与回顾,这一环节也可以用提问的方式进行。

(5)布置作业。教师给学生布置作业,是对学生学习新知识的一种巩固和夯实,这也是为学习接下来的知识打好基础的方式。

2.“自学—指导”类型

在“自学—指导”类型教学过程中,学生是绝对的主体,他们以自学作为主要学习方式,并在教师的指导下交流、讨论,最终获得理想的学习效果。“自学—指导”类型教学过程是以当代教育的“以学为主,教育教学要注重培养、发挥学生的主体地位,使学生学会学习”等理论为指导,实现师生互动的教学。[①] 将此类型应

---

① 黄甫全,王本陆. 现代教学论学程[M]. 修订版. 北京:教育科学出版社,2003.

用到历史课堂中,一般会有如下几种程序阶段。

(1)教师给出学习课题与提示,给学生自学提供必要的指导。

(2)学生自学教材。学生通过阅读相关历史教材或材料,解决教师提出的历史问题。在教学过程中,教师可以对学生进行个别指导。

(3)学生讨论。学生对自学中遇到的历史问题或困惑可以通过交流的方式解决。教师此时可以参与讨论,并给出一定的引导信息,但要注意不要过分主导讨论,并记录下这些问题,待日后再在大课堂上对普遍存在的问题进行精讲。

(4)教师结合教学目标,教学对课程进行评价和总结,并将课后作业布置给学生。

3. 教学常规环节类型

教学常规环节类型教学流程以常规性教学环节来组织教学进程。不过,如果只是从相对浅的层面上的教学环节中是无法看出这种类型流程的教学指导思想的。教学常规环节类型的教学活动程序阶段如下。

(1)导入新课。用多种导入形式将新课内容顺利导入。

(2)学习新课。新课内容是教学活动的主体。

(3)巩固新课。教师通过总结、提炼、提问等方式,巩固学生学习的内容。

(4)课堂小结。总结课堂教学内容。

4. 教学逻辑类型

教学逻辑类型教学流程的开展依据为教学内容的逻辑。教学逻辑类型的教学流程以教学内容的逻辑转换、衔接为依托,过程中还要考虑到教学内容的处理方式,如此可以较为深入地体现设计者基于教学立意之下的对教学内容内在逻辑的理解与把握。该类型教学活动程序除了课堂导入和小结环节外,还呈现出教学逻辑。具体来说,这种类型的教学流程的步骤有以下形式。

导入环节：依据教学主题、学生兴趣进行导课。

环节一：教学内容包括对教学内容主题的介绍与引入。

环节二：教学内容包括对教学内容内在逻辑的理解与处理。

小结：对本课教学主题做总结、提炼或升华。

有一点需要明确的是，对这种类型的教学流程与环节予以重视，实际上是体现了教师把握教学内容准确的能力。因此，那些优秀教师在一些历史优质课竞赛中普遍会采取这种形式。

（二）历史教学流程与环节的其他构成

教学逻辑是历史教学流程与环节的框架。此外，历史教学流程与环节的设计还需要考虑到其他一些重要组成环节。

1. 导课环节

（1）导课的基本要求

①有明确的目的和较强的针对性。导课一方面要针对教学内容而设计，使之建立在充分考虑了与所要学习的教材内容的有机联系的基础上；另一方面要针对学生的心理年龄特征、原始知识储备和生活阅历。

②简洁明了。导课并非教学的主要内容，而其只是作为引出主要内容的步骤，这就决定了导课环节所占用的时间不宜过长。一个好的导课并不是由时间决定，相反，啰唆冗长、不得要领的导课，不仅不能很好地起到引出主要教学内容的作用，还可能让学生感受不到导课和主要教学内容之间的联系，实际效果不佳。正确的方式应该为用最精练的语言达成事先要达到的目标。

③新颖有趣。导课环节如果能新颖有趣，很好地吸引学生的兴趣，就能最大化刺激他们的感知和求知欲，以使学生更加期待后面的内容。

（2）导课的形式与方法

①问题导课。问题导课的关键就在于制造出一个悬念，这会激发出学生的好奇心和求知欲。这其中，问题就是要创造悬念和

疑问,这是学生思维的"启发剂",起到有力地调动学生思维的积极性和主动性的作用。经验丰富的历史教师非常关注问题导课中的问题设置,注意其中是否包含有足够的启发元素。

②故事导课。使用一些富有寓意的、幽默的、精彩的故事作为主要导课内容的方式,就是故事导课。在历史教学中,这也是一种经常使用到的导课方式。具体方法为,教师讲述一个与即将展开的教学内容有关的故事,让学生通过这个故事联系到教学内容,以此激发他们对新知识的兴趣。不过需要注意的是,这个故事要适当精简一些,不宜过长,故事本身还要能说明问题,过程中教师还要对故事做引导分析,以免学生将过多注意力放在故事本身之上。

③温故导课。通过对已学习的历史知识进行复习的方式来导入新课。这种导课的优势在于能够巩固过去的知识,并且能引导学生将新旧知识之间建立起一个联系,这对培养学生良好的历史学习线索有较大帮助。在温故的基础上接受新知,是个循序渐进的认识过程,便于理解和学习。

④释题导课。标题是文章(知识)的窗户,更是内容最为精华的点题。例如,教学内容标题中的"统一的多民族国家——秦"中,标题就概括了秦这个国家的性质为"统一"和"多民族",由此还能引申出"中央集权"与"封建"等诸多特点。教师在导入时就要抓住标题中的这几个要点进行详细解释,这会给学生在一开始就建立起一个相对直观的概念。

⑤"诗歌、识图"导课。将学生已学过的文学佳作作为导课用语,一方面可以活跃课堂气氛,另一方面又起到了导课的作用。特别是一些图片的使用,既能增强直观效果,又有利于理解学习。

⑥激情导课。在历史教学中,很多内容都饱含真挚情感,为此教师在导课时就可以"披文入情",用有激励性的语言引导学生情感,达到以情育人的目的。这对于讲解我国近代史来说特别适用,如讲到甲午战争的内容时,可从痛恨战争过程的艰辛以及之

后的深远影响入手进行讲解，激发学生们的爱国情绪，同时也激发了他们想学好这段历史的情绪。

2. 结课环节

（1）结课的基本要求

①首尾呼应、相对完整。这是要求在教学结束时的讲解要与课程开始之前的点题相呼应，而不能与之前相差太过离谱。

②留有余味，引发学生思考。这是要求教师在课程结束时的讲授要给学生留出一个思考的空间，让他们感觉意犹未尽，有进一步想探究的想法，而不要使用太过封闭思维的语言。

③干净利索，适可而止。这是要求教师要相对准确地把握课程结束的时间。结课部分不要太过冗长，但也不能太过马虎和随意。

（2）结课的形式与方法

①自然式结课。以下课铃作为依据的结课方式。

②总结式结课。以简练准确的语言总结概括整个教学课的主要内容的方式，给学生以系统、完整的印象，加深他们对所学知识的理解和记忆。总结归纳的方式可以为简明扼要的语言对教学内容进行复述，此时应重点强调主要知识和概念。

③拓展式结课。把已学知识向多方面拓展和延伸，借以发散学生的思维，编织紧密的历史知识网络，以及培养他们更加完善的历史观。

④对比式结课。联系已学知识和相关知识，对两者进行比较，找出异同点，如此让学生更能对知识有深刻理解。

⑤练习评估式结课。这种结课方式主要是通过提问或练习的方法完成的，以此巩固学生对新内容的学习成果。

⑥承前启后式结课。在结课阶段重新引出导课时的悬念或疑问。如果可以，最好还应选择与下节课相关的知识启后的铺垫。

第四节　高中历史教学未来发展趋势与需求

一、越发加强历史教育的德育功能

中国古代的史书常常记述人的德性和作为,如勇敢、荣誉、智能、节制等。而且,史家总是怀着对天道敬而远之的清醒,"天行有常,不为尧存,不为桀亡""岂有苍苍不可问之天哉"。王夫之说得更干脆:"生有生之理,死有死之理,治有治之理,乱有乱之理,存有存之理,亡有亡之理。天者,理也;其命,理之流行者也……夫国家之治乱存亡,亦如此而已矣。"当代中国基础教育的宗旨是全面提高国民素质,所以我们的教育工作必须把帮助学生确立正确的政治方向、培养优良的道德品质及发展健全的人格,与学习科学文化知识有机地结合起来。历史教育的德育功能是历史教学过程中产生的。历史教育的德育功能主要表现在以下几个方面。

(一)培养爱国情感

历史本身具有丰富的爱国主义思想教育内容。在进行爱国主义教育中负有特殊重要的使命。苏、美、日、英等国的历史教学,无一不把培养爱国情感作为历史教学的主要任务,当然也包括中国。爱国主义是一种社会意识。不同阶级有不同的爱国主义。在历史教学中结合史实使学生弄清这些区别对培养学生热爱社会主义祖国的思想感情是很有必要的。例如,在中国近代史教学中对清政府实施的闭关政策和义和团的排外措施,既要肯定它们在当时历史条件下有一定的作用,但也要说明,这种做法是狭隘的,是不可取的。对于第一次世界大战期间,第二国际提出"保卫祖国"的口号说明它的破产,而列宁提出"变帝国主义战争为国内战争"的口号是正确的,应该作深入的分析,使学生懂得对剥削阶级的国家机器不能有一丝一毫的怜惜,而且要无情地摧毁它,把革命要求和爱国主义统一起来,这才是真正的爱国主义。而当帝国主义入侵(如日本发动侵华战争)的时候,尽管占统治地位的剥削阶级是为了维护他们的国家机器而抗战,但在客观上与劳动人民的爱国主义要求是一致的,因此可以结成抗战的统一战线(如抗日民族统一战线)。

爱国情感的培养是一个潜移默化的过程,一个对比,一次引申,甚至就是一句诗,只要思想上重视,都能起培养爱国主义情感的作用。它也必须同现实生活相结合。结合历史课和社会实践、组织学生深入现实生活,加强学生的主体意识、与其他学科的横向联系等都是发挥、强化历史教育的德育功能的好办法。

(二)注重社会发展规律教育

历史是研究人类社会发展的科学。马克思、恩格斯是在研究人类全部历史过程中发现社会发展规律的。历史教科书中的历史事件和历史人物的活动都是为揭示社会发展规律而存在的。思想教育和知识教育在历史学科中比其他任何一门学科更紧密地结合在一起,因为历史记述了人类社会的发展过程,这个过程是有规律的,这个规律就是社会发展规律,这就决定了社会发展规律教育是历史教学中基础的教育。社会发展规律是社会发展的一般规律,是思想教育各方面内容的基础。例如道德教育,道德是有阶级性和历史性的,不同社会的经济结构都有自己的道德观点和标准,因为道德是人们的行为规范,它根据社会物质生活条件的不同和统治阶级的意志而变化。封建社会的爱国总是同忠君联系在一起。资产阶级的爱国总是爱资产阶级的国家。所以在历史教学中,根据历史发展阶段的不同,爱国主义教育的侧重点也不同。一方面,不离开历史条件全盘否定古人;另一方面,从当前需要出发来考虑教育的重点。例如,教中国封建社会的历史,对戚继光抗倭、郑成功收复台湾,当然要大肆歌颂,然而对祖逖的"闻鸡起舞、中流击楫",岳飞的"还我河山",文天祥的"人生自古谁无死,留取丹心照汗青",顾炎武的"天下兴亡,匹夫有责"等,侧重歌颂他们的气节,他们的艰苦奋斗献身精神。所以,历史教学中各方面思想教育内容都离不开以社会发展规律教育为基础,否则会走到错误道路上去。资产阶级在封建社会末期代表了新的生产力,是生气勃勃的,他们的反封建斗争符合广大人民的利益,我们歌颂他们的斗争精神。但是在资本主义后期,再去歌颂顽固维护资本主义制度的资产阶级人物,那就是极大的错误。康有为在戊戌变法期间,主张政治上的改良,我们肯定他是进步的、爱国的。但是资产阶级革命派兴起以后,同一个康有为,顽固坚持改良主义,坚决主张君主立宪,就沦为阻碍革命的保皇派。总体来说,强调社会发展规律教育是基础,在历史教学中一定要把历史事件放在当时历史条件下,看它是否促进社会的发展,以此来发掘教育因素。

(三)注重民族精神教育

民族精神是反映在长期的历史进程和积淀中形成的民族意识、文化、习俗、性格、信仰、价值观念等共同特质,通过历史教育教学,有助于学生了解自己民族的发展史,了解历史优秀代表人物和民族英雄,有助于培养学生的民族情感、民族自尊心,在学校民族历史相关事实时学习与传承民族文化、民族精神,增强民族自信心、荣誉感,坚定民族信仰和信念。

二、越发关注对学生创新思维能力的培养

长期以来,历史教学一直以传授历史基础知识和基本技能为主,强调历史知识的灌输与接受,而忽视学生作为课堂教学主体对历史知识的主观建构以及运用知识解决实际问题的创新能力。特别是受应试教育的影响,把学生看成是接受知识的容器,忽视学生作为"整体的人"的思想、感情,学生的创新意识、创新思维显

然无从谈起。这种教学模式在当今飞速发展的时代其负面影响日益明显。

历史教师在历史创新教学中起着关键作用,只有具备一定的创新精神并具有培养创新能力的方法与艺术,才能担负起历史教学创新的重任。因此,要求广大历史教师不断更新观念,善于研究、善于质疑,不囿于前人所作的历史结论,不迷信传统、不追风逐潮,不唯书唯上,在历史教学的创新实践中学习新理论,树立新观点,掌握新方法,解决新问题,历史教学创新才能够真正实现。历史教学的创新要以教学方法和教学手段的改革为突破口,坚持"教师为主导,学生为主体""因材施教""学生个性发展"等原则,抛弃传统中有碍学生创新能力培养的教学方法,积极采用先进的媒体手段,运用网络技术和多媒体技术开展历史教学活动,以将历史教学创新落到实处。在多年的历史教学实践中,讲完每一个单元后教师都给学生理出一条或几条线索,使学生对所学知识有一个清晰的、整体的认识。在梳理线索的过程中还通过巧设疑问激发学生的创新思维。比如教师讲完世界近代现代史后,把经济全球化作为一条线索引导学生加以梳理:经济全球化以欧洲资本主义萌芽产生和新航路开辟为开端,随着工业革命的推进和扩展,资本主义列强在全球进行扩张和争夺,逐渐把全球囊括进去,到 19 世纪末 20 世纪初,资本主义世界体系最终确立,世界成为一个密不可分的整体。至此,殖民地半殖民地国家或地区成为资本主义国家的原料产地、商品市场和资本输出场所,资本主义国家控制这些国家或地区的经济命脉,对其进行残酷的经济剥削和掠夺。20 世纪 90 年代,经济全球化成为世界经济发展的主要趋势,成为不可阻挡的历史潮流。在梳理线索后教师提出了这样一些问题:经济全球化与三次科技革命是什么关系?怎样评价三次科技革命的影响?经济全球化是好事还是坏事?这样的问题使学生耳目一新,起到了"一石激起千层浪"的效果,大大激发了学生的思维,学生们各抒己见,并在辩论中提高了能力。采取诸如此类的方式,大都能收到较好的教学效果。

三、越发强调与其他学科的相互渗透

历史无所不包。历史涉及古今中外政治、经济、军事、文化、科技等,历来有政史不分、文史不分、史地不分之说。马克思说:"我们仅仅知道一门唯一科学,即历史科学。"所有的人文学科都没有学科界限,尤其在当下,更不用说中国古已有之的"文史不分家"的说法了。如果硬是要划分学科的边界,只能是从学术研究的方便考虑,而就具体问题划定一定讨论的界限,但实际上当今的史学研究,其所使用的方法早已是借用能够所用到的一切方法了。历史学科本身具有极强的综合性、包容性。既然其他相关学科的智能和思维对历史学科的智能和思维的形成有重要影响,那么,我们的历史教学就必须顺应这个趋势,适应这一要求,实施大历史教学。在历史教学中,怎样与其他学科互相渗透,实施大历史教学呢?

首先,我们应该引导学生掌握总的历史知识结构。正如布鲁纳所说:"不论我们教授什么学科,务必使学生掌握学科基本结构""如果你理解了学科的结构,那么,这种理解就能使你独立前进"。大历史教学根据这些理论首先让学生整体上把握教材的知识结构。历史知识结构是历史概念间的内在联系及其结合方式,是历史知识的精华,是历史学科教育内容的基础,只有掌握了历史知识结构才算真正掌握了历史学科知识及其体系,历史学科能力的培养和思想品德的教育才有了物质的基础和依托。

其次,在学习具体知识时,注意相关学科的知识渗透和能力迁移。历史学科内容丰富,能够旁征博引,适时点化,使其他学科知识能力形成正迁移,为我所用,是大历史教学的一个重要手法。可以把诗、词、歌、联等文学内容引入历史课堂教学中,增加历史课的趣味性和感染力;可以引入地理知识,培养学生的空间想象力、空间理解能力,从而形成正确的历史思维能力;还可以引入政治、哲学等其他知识,加深对教材的理解,调动学生的学习积极性,促进历史学科的学习。相关学科的知识渗透、能力迁移,有助于优化历史学科的教学,有利于培养学生的历史综合思维能力。如此,方可适应当前加强核心素养的教学理念,培养新时代创新人才的需要。

四、越发注重多媒体手段的使用

采用多媒体教学手段是直观性教学原则的充分体现,对于优化教学过程,提高教学效率的教学质量都有着十分重要的作用。它可以再现生动的历史情景、营造浓厚的历史氛围,激发学生的学习兴趣,全面调动学生的视觉和听觉能力、提高记忆效率、掌握和巩固所学知识,促进学生思维能力的发展;它可以给学生提供更多的实践机会,充分体现学生在教学活动中的主体地位;它还可以节省教学时间,扩大课堂容量、充实知识内容,最大限度地优化教学过程。

使用多媒体这一辅助性教学工具需要正确处理好各方面的关系。

(一)正确处理多媒体辅助教学手段与教学目标的关系

多媒体教学手段必须服从于课程的教学目标,包括单元教学目标和学生全面发展这一最高目标。因此,多媒体辅助教学手段要紧紧围绕教学目的来服务。在教学计划中,针对具体的教学目标,恰当地选择多媒体现代化教学手段。如果有助于教学目标的实现,则可充分地利用某种多媒体手段,以充分发挥出它们的功能,达到最大的效用。如果不利于教学目标的实现,则敢于坚持不用,以免喧宾夺主,流于形式。

(二)正确处理多媒体辅助教学手段与教学内容的关系

在历史教学过程中,教学手段要想取得应有的最佳效果,必须围绕具体的教学内容来使用。针对教学中的具体内容,使用不同的教学手段。一般而言,像图表、地图、短小历史影片、历史图片等资料、内容,可以借助多媒体工具来展现,这样可以增强教学的直观性和形象性。对于一些板书,一些启发式的提问,一些讨论,则不必样样都采用多媒体工具来设计。有些通过老师的口头表达,更容易与学生沟通,和学生产生共鸣。所以,必须对教学内容进行深入研究,根据内容的需要,选择多媒体手段,从而使课堂教学达到最佳效果。

(三)精心设计多媒体教学教案,熟练操作多媒体设备

在多媒体教案备课过程中,教师应在熟悉了多媒体的各种软件的功能之后,才可将多媒体辅助手段引入到教案中。多媒体教案要做到辅助重点突出,体现出演示它要解决的最关键、最适合的问题是什么,如何引导学生以强化课堂效果,千万不可哗众取宠,用过多的声色来调解和堆砌,这样会分散学生的注意力,从而破坏课堂的教学效果。

总之,任何一种教育方式都不可能是万能的,不能被看作是解决一切教育问题的灵丹妙药。多媒体历史辅助教学也同样存在不足的方面,它只能是完成预先准备好的教学活动,而不能完成预先没有准备好的任何工作。同时,传统的教学方式也并不是一无是处的,传统教学方式之所以能够延续到今天,这本身说明它有很多优点,只有把多媒体辅助历史教学和传统的历史教学手段结合起来,才能够更加充分地发挥多媒体辅助历史教学的作用。

第三章　核心素养视域下的
高中历史教学设计

高中历史学科的教育价值非常高,随着高中教育改革的不断深入,历史教师在教学中应坚持以人为本的教学理念,注重对学生历史核心素养的培养,并以此为目标进行课堂教学设计,培养学生的学习兴趣,引导学生自主探究历史知识,促进学生全面发展。本章主要就核心素养视域下的高中历史教学设计展开研究,主要内容包括高中历史素质教育、三维目标与核心素养的演变;高中历史教学多维历史观的建立以及促进学生历史学科核心素养实现的有效教学设计。

第一节　高中历史素质教育、三维
目标与核心素养的演变

一、高中历史素质教育分析

素质教育是指一种以提高受教育者诸方面素质为目标的教育模式,它重视人的思想道德素质、能力培养、个性发展、身体健康和心理健康教育。历史学科可以让学生了解中外历史状况,可以提高学生的思想觉悟,增加学生的文化底蕴,开发学生的智力。在素质教育中,历史学科在培养学生的文化素质、道德素质以及心理素质方面发挥着非常重要的作用。21世纪的高中历史教学应坚持素质教育理念的指导,努力把学生培养成面向现代化、有修养的全面型人才。

(一)素质教育的演变

"素质教育"的提出始于 1985 年 5 月,在改革开放后第一次全国教育工作会议上,邓小平同志指出:"我们国家,国力的强弱,经济发展后劲的大小,越来越取决于劳动者的素质,取决于知识分子的数量和质量。"初见于 1987 年 4 月,时任国家教委副主任柳斌在九年义务教育各学科教学大纲统稿会上指出:"基础教育不能办成单纯的升学教育,而应当是社会主义的公民教育,是社会主义公民的素质教育。"1994 年 8 月第一次正式在中央文件《中共中央关于进一步加强和改进学校德育工作的若干意见》正式使用"素质教育"这一概念。经过多年发展,"素质教育"内涵不断丰富,表现为提倡"5 育"并举,做到"两个全面,一个主动",坚持"一个灵魂,两个重点"。

素质教育内涵发展的逻辑轨迹是:教育实践中存在什么问题,时代发展提出了什么新要求,它就被增加相应的新知识,即素质教育作为教育现实中不断出现的问题的对立面,其内涵是随着人们对问题认识的不断深化而逐步被充实完善的。

(二)高中历史教学的学生素质培养

下面着重分析新时期高中历史教学中贯彻素质教育理念,对学生文化素质、道德素质以及心理素质的培养。

1. 培养历史文化素质

历史文化素质首先表现在对历史知识的掌握上,所以实施素质教育,就必须丰富学生的历史知识。历史知识在某种程度上是一个人文化素质的窗口,是综合实力的标志之一。在历史教学中可通过以下方式让学生掌握历史知识。

(1)使学生科学地、有结构地、分层次地掌握历史概念。

(2)使学生掌握学习历史知识的方法和技能。"授人以鱼,不如授人以渔"，掌握方法和技能比掌握知识本身更重要，怎样学比学什么更重要。掌握学习历史知识的方法和技能，在历史教学大纲中统称为"能力"。如果不掌握方法和技能，只是机械性地硬记一些历史知识，不能说明历史文化素养好，把历史知识割裂成碎片的题海战术，死记硬背历史知识的方法不能称为科学的历史学习方法，它不符合新课改对素质教育的要求。让学生掌握学习历史知识的方法和技能，可采用"联想教学法"，如"中外联想"，以时间为轴线把中外历史现象及其内在联系展现在历史发展的屏幕上，通过对比分析，求同找异，强化记忆，加深认识。

（3）培养学生运用已有知识认识社会和考察社会现象的能力。历史教学的目标是使学生运用所学知识考察社会生活的方方面面，从而培养正确的社会认识，培养对历史知识的应用能力，也就是"鉴往知来""以史为鉴"。这是素质教育的要求。例如，让学生了解清初人口增加，人均粮食产量少，大量垦荒造成河湖泛滥，生态环境破坏这一现象，使学生认识到妥善处理人口增长与经济发展关系的重要性，要坚持人与环境的协调发展，走可持续发展之路。

2. 培养道德素质

历史学科在培养学生道德素质方面具有自身的独特优势，下面主要分析对政治思想素质和道德品质的培养。

（1）培养政治思想素质

培养学生的政治思想素质，包括辩证唯物主义、历史唯物主义观点的教育；社会发展规律的教育；爱国主义、国际主义和振兴中华的教育等。历史教材在这方面提供了大量的材料。例如，通过学习井冈山革命根据地建立的相关内容，使学生认识到这是毛泽东同志把马克思列宁主义普遍真理同中国革命具体实践相结合的光辉典范。再如，我国的丝绸、陶瓷、四大发明、万里长城等遗产蜚声中外，至今被世界人民称赞。通过对这些材料的教学，激发学生的民族自尊心、自豪感，使其形成良好的政治素质。

(2)培养道德品质

素质教育要求弘扬中华民族传统美德,培养学生的道德情操。历史教材中有大量关于这方面的材料,如戚继光忠心报国、司马迁敢于坚持真理、文天祥一身浩然正气等,这些早已成为中华民族的美德,历史教学中应根据教材内容因材施教,不断对学生进行引导,提升学生的道德品质。

3. 培养心理品质

心理素质包括兴趣、情趣、个性等。良好的心理素质是学习的原动力。有无广泛的兴趣、情感是否充沛、心态是否乐观,对人的成长成才有很重要的影响。在高中历史教育中要结合素质教育的要求培养学生良好的心理素质。

(1)培养兴趣

在历史教学中,给学生讲赤壁大战、诺曼底登陆的惊险壮观;秦皇汉武、华盛顿、拿破仑的故事;唐三彩、古长城、金字塔、空中花园的惊世之处。这种历史魅力能够激发学生的学习兴趣,吸引学习主动历史。但这种兴趣最初只限于好奇层面,缺乏持久力。历史教师还应"趁热打铁",向学生渗透博大精深的历史智慧,分析"历史现象为什么是这样而不是那样",从而是学生对历史课产生持久稳定的、不断强化的兴趣。

(2)培养进取心和健康个性

素质教育要重视一般,也要重视个别,要重视每个人的个性。素质教育是使每个人都得到发展的教育。学生的不同心态能够从其不同的历史见解中体现出来。所以在历史教学中要针对学生的个性因材施教,培养学生的进取心和健康个性心理。

总之,素质教育是时代的产物,是社会发展的需要,充分认识素质教育的重要性,在高中历史教学中渗透素质教育,不断充实与完善素质教育的理论,充分发挥历史学科在素质教育中的功能,以提高学生的素质,培养高素质人才。

二、高中历史课程三维目标解读

2001年启动的新课程改革的一个基本标志就是从"双基"走向"三维目标",它的进步是不言而喻的。这其中既有量变也有质变,量变就是从"一维(双基)"到"三维",质变就是强调学生的发展是三维的整合的结果。从教学的角度讲,"所谓的三维目标,应该是一个目标的三个方面,而不是三个互相孤立的目标,对其理解,可以准确表述为'在过程中掌握方法,获取知识,形成能力,培养情感态度价值观'"。三维目标使素质教育在课堂的落实有了抓手。新课程强调三维目标的有机统一,只有实现三维目标整合的教学才能促进学生的和谐发展,缺乏任一维度目标的教学都会使学生的发展受损。显然,三维目标较之于双基既有继承更有超越。

高中历史课程的三维目标指的是"知识与能力"目标、"过程与方法"目标以及"情感态度与价值观"目标,下面逐一进行分析。

(一)"知识与能力"目标

1. 知识目标

高中历史课程的知识目标是:在达到义务教育阶段历史课程知识目标的基础上,对历史发展的来龙去脉,历史上的重要人物、重大事件、重要现象等有进一步的认识。与义务教育阶段历史课程的知识目标相比,高中历史课程的知识目标具有以下三个特点。

首先,注重知识分类,并将不同类型的历史知识集中呈现出来。如将历史知识划分为不同的领域,包括政治领域、经济领域、文化领域、科技领域等,然后在不同的模块中集中呈现不同领域的历史知识,便于学生集中而系统地学习,深刻地认识与理解不同领域与模块的历史知识。

其次,将中外历史知识贯通起来。以前高中历史课程中的中国历史与世界历史作为两个教学单元被分割开来,彼此相对孤立,一般是先教中国史,再教世界史,学生在学习过程中很难贯通中外历史知识,对中外历史发展的线索没有达到总体上的把握。新的高中历史教材在编排上采用了一种新的方式——专题式编排,这便于学生贯通古今中外的历史知识,将同一历史时期的中外重大历史事件联系起来,从而更加全面地了解历史。

最后,提升了历史知识点的层次,义务教育阶段历史课程的知识点往往层次单一,教什么就是什么,而高中历史课程的知识点则层次更高、内容更丰富,一个大的知识点中又包含一些小的知识点,便于学生系统掌握同类历史知识点,有助于培养学生对比分析及总结的能力。

对历史必修课与选修课进行设置是构建高中历史课程知识目标的主要途径。历史必修课程主要是以历史专题的形式呈现的,这些专题融汇了古今中外不同领域的重要历史知识,包括政治领域、经济领域、科技领域以及思想文化领域等。各专题充分整合了中外历史发展中重大历史问题,历史发展本身所具有的线索性、规律性能够从这些专题设计中充分体现出来。高中阶段以专题的形式学习历史知识,优势在于避免简单重复学习初中已经学过的历史知识,使学生换个角度重新认识历史问题,虽然理论上来说学习起来更加抽象了,而且学习的难度也提高了,但所学的历史内容更丰富、具体,有机融合了理论与史实,学起来更有意义。

高中历史课程专题知识内容主要由两部分构成,一部分是抽象的历史认识,另一部分是具体的历史史实。专题知识主要涉及的内容见表3-1。

表 3-1　高中历史课程专题知识内容

主要内容	
基本的历史概念（通过抽象概括而反映重大历史问题的本质属性）	抽象性历史概念 分类性历史概念
基本历史规律与线索	不同历史阶段的内在联系 重大历史事件发生的前因后果 预测人类历史发展趋势
具体历史史实	历史时间 历史人物 历史事件等

高中生在历史课程学习中要达到"知识目标"，就要从以下三个层次进行递进式学习。

第一，识记。高中历史课程注重对学生历史思维能力和分析解决问题的能力的培养，所以学生在历史课程学习中要达到"识记"的要求，要能对历史知识形成宏观上的认识。

第二，理解。学生要对历史知识有思辨能力，如此才能更准确、深刻地了解历史知识，才能在理解的基础上进行归纳与比较。

第三，运用。学生在历史课程学习中经过识记、理解后，要学会客观评价历史，与他人正确探讨历史，基本要求是论从史出、史论结合。

2. 能力培养目标

高中历史课程的"能力培养"目标是：在学生对基本历史知识进行学习与掌握的过程中，对其多渠道获取历史信息的能力、阅读历史信息的能力进行培养；对其历史认知能力（归纳概括、比较分析、综合评价）、历史思维能力及解决问题的能力进行培养。高中历史课程的能力目标更注重培养学生的历史技能和历史思维能力，这是其与义务教育阶段历史课程能力培养目标的主要区别之一。

（1）培养历史技能

历史技能的分类及内容见表 3-2。

表 3-2　历史技能的分类及内容①

历史技能分类		技能内容
显性技能		绘制历史地图
		绘制历史表格等
隐性技能	阅读历史材料	阅读文字材料
		解读图片或表格材料
		从材料中获取需要的历史信息等
	整理历史知识	归纳总结历史知识
		对比分析历史知识等
	表述历史	概括历史知识(简要)
		表述历史情节(有情感)
		针对某一历史问题表达自己的观点或看法(有论据)等

在高中历史课程教学中培养学生的历史技能,主要分为三个层次来实现该目标,第一个层次是让学生初步掌握历史技能,第二个层次是让学生熟练掌握历史技能,第三个层次是让学生在实践中正确运用历史技能。在三个水平层次中,要特别重视培养学生获取有效历史信息的能力,这对学生学习整个历史学科知识都很重要。具备这一技能是学生有效掌握其他技能和广泛学习历史知识的基础条件。

（2）培养历史思维能力

学生对历史问题加以解决,需要具备一定的历史思维能力,在高中历史课程中对学生的这一能力进行培养非常重要。在培养过程中要加强历史思维过程的训练,即不断训练学生对历史知识的分类与对比能力、分析与综合能力、概括与总结能力等,同时

---

① 朱汉国,郑林.新编历史教学论[M].上海:华东师范大学出版社,2008.

还要强调培养学生良好的思维品质。具体而言,通过培养高中生的历史思维能力,要使其能达到以下几点要求。

第一,能够对某一重大历史问题从单一视角或多视角进行客观评价,具体评价对象可以是具体的历史人物、历史事件,也可以是宏观的历史现象。

第二,面对杂乱零散的历史材料,能够按一定的逻辑关系将它们有序整理好。

第三,历史问题的产生都有一定的原因,不同历史问题之间存在这样或那样的关系,对此要能够进行辩证客观的分析,以准确了解历史的来龙去脉和前后关联。

第四,能够从科学的视角对不同的历史问题进行客观对比分析,以发现与了解不同历史问题之间的相同之处与不同之处。分析的对象可以是历史上的重要人物、事件或现象。

第五,能够客观评价某些历史结论,并将所学史学知识与方法运用于其中。

3. 知识目标与能力目标的关系

高中历史课程的知识目标与能力培养目标既相互独立,又密切联系,二者是一个统一体,不可分割。二者的密切关系表现为相互渗透、融合与促进。知识与能力本身就是紧密联系的,获取知识的同时也会培养与锻炼某些能力,知识与能力的呈现有时也是同步的。同样,锻炼与培养能力的过程中也会获取与掌握一些新知识,表现能力的过程中也有一些知识元素伴随其中。学生获取知识必然要先具备一定的学习能力,从这一角度来看,能力是获取知识的必要条件;学生形成与提高能力要建立在一定的知识基础之上,从这一角度而言,知识又是能力形成的基础条件。能力与知识相比,前者的一般性特征更为突出,所以和掌握某一领域的知识相比,发展与提高某种能力所具有的迁移作用更为广泛。鉴于知识与能力的密切关系,高中历史课程既要注重传授知识,又要重视培养能力,不可忽视其中任何一方,否则会严重影响历史课程教学效果,影响教学目标的实现。有些历史教师在历史课程教学中一味强调培养学生的能力,忽视传授知识,这不利于培养学生正确的世界观、人生观和价值观,而且最终也会影响学生历史技能与历史思维能力的提高。

(二)"过程与方法"目标

1."过程与方法"目标的阐释

高中历史课程的"过程与方法"目标可概括为对历史学习的一般过程有进一步的认识,对历史学习的基本方法有所掌握。

学生学习历史的过程是一个主动参与的过程,是从不会学习到学会学习的过程,在这个过程中,学生先感知历史,在感知的基础上不断积累丰富的历史知识,进而理解历史和现实。"过程与方法"目标中的"过程目标"(认识历史学习的一般过程)主要包括以下几点。

第一,学生能够比较深入地了解人类历史中的几个主要领域,能够对某个历史领域的发展过程、发展特点以及发展规律有初步的掌握。

第二,学生能够在感知的基础上积累层次较高的历史知识,能够比较准确地把握人类的历史活动。

第三,通过培养学生的思维方式及对其进行技能训练,使其具备对历史问题进行观察与分析的能力。

第四,学生能够在历史学习中形成对人类历史与民族的认同感,形成正确的价值观。

"过程与方法"目标中的"方法目标"(学生掌握历史学习的基本方法的目标)具体表现为以下几点。

第一,对历史唯物主义的观点和基本方法加以学习,在历史知识的实践运用中能够达到"论从史出""史论结合"的要求。

第二,学生主动进行探究式学习,善于发现问题和从不同角度分析解决问题。

第三,学生独立自主学习,善于思考,能够比较全面地概括与清楚地阐释所学知识。

第四,学会合作学习,与他人交流不同见解。

2. 从义务教育时期到高中时期历史课程"过程与方法"目标的演变

义务教育阶段的历史课程同样也有"过程与方法"目标,但这一阶段强调的是让学生感知历史,初步积累历史知识,学会探究学习与合作学习,通过这些学习方法初步认识历史的发展;高中时期历史课程的"过程与方法"目标则主要强调及时转变学习方式,培养与提高学生的学习能力,使学生在与他人合作学习的过程中交流不同的见解。学生的历史学习过程既包括学习历史知识的过程,也包括使用学习方法的过程,知识与方法的运用贯穿于学习过程的始终。

3."过程与方法"目标的实现

在高中历史课程学习中,学生会经历从最初的体验学习到最后学会自主学习这样一个过程,在这个学习的过程中,学生的思想认识、知识积累、能力以及行为都会随着学习的不断深入而发生相应的变化,伴随着某些积极的变化,"过程与方法"目标也会逐步实现。学生掌握有效学习方法的前提是主动参与学习,且要养成良好的自觉的学习习惯。

在高中历史课程教学中,要实现"过程与方法"这一维度的目标,就要始终坚持以学生为主体的教学思想。学生在历史课程中的学习参与度直接影响课堂教学效率和目标的实现。历史教师要对学生的主体地位予以尊重和重视,要不断培养与激发学生自主学习的兴趣与热情,将传统历史课堂上学生被动接受的不良现象转变为学生主动学习的良好现象,要指导学生掌握丰富多样的历史学习方法,引导学生自主探究,自主发现问题,并从多个角度分析解决问题,这样不仅实现了"过程与方法"目标,也巩固了"知识与能力"目标。

(三)"情感态度与价值观"目标

1."情感态度与价值观"目标的阐释

下面分三个部分表述高中历史课程的"情感态度与价值观"目标。

第一,通过历史教学,使学生对中国国情有进一步的了解,能够主动对中华民族优秀传统文化予以继承与弘扬,对学生的民族精神进行培养,激发学生的民族自尊心与自豪感,使学生形成为国家现代化建设和国家繁荣富强作贡献的历史使命感和责任感,使其将致力于国家建设作为自己人生理想。

第二,使学生更进一步深入地理解人文主义精神,如"关注人类命运""善待生命""以人为本"等。对学生的健康审美情趣进行培养,使学生将真善美作为自己追求的理想人生境界。培养学生积极的人生观,对学生的健全人格、坚强意志和团结精神进行培养,使其生存能力和抗挫折能力进一步增强。结合新时期的发展要求培养学生的科学态度,如求真、求实和求新。

第三,使学生对人类历史发展的统一性和多样性有进一步的认识,使其对中外历史发展进程中不同国家、民族及地区的文化传统予以尊重和理解,主动学习与借鉴历史上的优秀文明成果,树立科学、开放、广阔、先进的世界意识。

关于"情感态度与价值观"这一维度的历史课程目标,不管是义务教育阶段还是高中阶段,首先强调的都是对学生民族精神与爱国情感的培养。这是这两个时期的历史课程在这一目标维度上的相同之处。二者的区别在于,义务教育阶段的历史课程注重对学生健全人格的塑造、科学态度的培养,并主张使学生初步树立世界意识。高中阶段的历史课程尤为关注培养学生的人文主义精神以及培养学生的"历史意识"。

传统历史课程教学不重视培养学生的人文主义精神,也不够重视学生的个性发展,历史课堂上教师单向灌输知识,学生被动接受知识,历史学科学习的体验性、感悟性等特征在传统历史课堂上完全得不到体现,学生的个性被压抑,个性化学习需求得不到满足,整个课堂教学氛围不佳,教学效果也不理想。在这种教学模式中,学生虽然记住了一些历史知识,但没有形成历史情感、社会责任感,没有塑造健全的人格,甚至也没有养成良好的品德和高尚的情操,这违背了新时期历史学科的人文主义教学理念。针对这一情况,在高中历史课程改革中,在"情感态度与价值观"目标的重新定位中将培养学生的人文主义精神纳入其中,要求历史教师在教学中将人文主义精神融入历史知识中,使学生形成对人文主义精神的进一步理解,进而对学生的人文主义精神进行培养,这里的人文主义精神可以具体理解为以下几个方面的内容。

(1)正确的人文意识。

(2)健康的人生态度。

(3)求真、求实、求新的科学态度。

(4)积极向上的审美情趣。

(5)合作意识、团队精神。

(6)开放的世界意识与广阔的国际视野等。

2."情感态度与价值观"目标的亮点

高中历史课程中"情感态度与价值观"这一目标维度的亮点是培养学生科学的历史意识。历史意识是人类在文明发展过程中产生的对自身历史的记忆和描述,并在求真、求实的基础上吸取智慧,总结经验,进而将其用于现实生活的一种观念和要求。[①]人类作为思维主体对历史的记忆及理性思考都是历史意识中所包含的重要内容。在历史课程教学中,教师要将培养学生的历史意识融入具体的教学环节中,如传递历史学核心观念、评价历史人物、分析历史事件的前因后果等。另外,为了强化学生的历史意识,教师要引导学生辨别史料的真伪、探究历史的真谛。

---

① 朱汉国,郑林.新编历史教学论[M].上海:华东师范大学出版社,2008.

　　高中历史课程的"三维目标"是一个连续的过程和有机整体，要特别强调"三维目标"的连续性与整体性，避免在历史课程教学中将各个目标完全割裂开来，或忽略其中某个目标。三个维度的目标在整个历史课程目标体系中都非常重要，而且各有侧重。例如，"知识与能力"目标是对历史课程基本知识与技能的强调，让学生在历史学习中达到这一维度的目标是历史课程教学的基本要求之一。学生要先对历史知识有所掌握，形成一定的历史技能与历史思维能力，然后才能为人文素养的养成奠定基础，所以说并不是掌握了历史知识和具备了历史技能就实现了最终目标，这只是一个基础目标。学生在努力实现"知识与技能"目标的过程中也是在为其他两个目标的实现打基础，因为不管是学习知识，还是能力训练，都要采用一些学习方法，了解学习过程，都会产生体验，激发情感，且潜移默化地对价值观产生影响。

　　三维目标中的"过程与方法"目标是对学生学习历史的过程与方法的强调，该目标在整个目标体系中也很重要，可以说是一个闪光点，学生主动参与学习过程，掌握多样化的学习方法，有助于促进科学素养的提升和实践学习能力的增强。在历史课程教学中，教师不要一味灌输历史知识，使学生被动接受能力训练，而要让学生掌握适合自己的科学多元的学习方法，使学生学会学习，知道如何学习，这样学生才会以正确的学习方式掌握更多的历史知识，才会以正确的历史思维去学习和探索，养成良好的学习习惯，从而为个性化发展及人文主义精神的形成奠定基础。

　　"情感态度与价值观"目标在三维目标中居于核心地位，这一目标领域在历史课程教学中的创新潜力最大。让学生掌握历史知识并不是历史教育的根本目的，在历史教育中不断开发学生持续学习的能力以及深度挖掘学生无限发展的潜力才是关键，同时要注重塑造学生健全的人格。让学生掌握历史知识是历史课程的基础目标，在实现该目标的前提下要对学生的历史思维能力、解决问题的能力进行科学培养，进而培养学生的历史意识、历史观念，并将人文主义精神的培养渗透其中。

三、高中历史核心素养阐释

核心素养既有传承的一面又有超越的一面。传承更多地体现在"内涵上",而超越更多地体现在"性质上"。作为核心素养主要构成的关键能力和必备品格,实际上是三维目标的提炼和整合。

在历史学科中,正如吴伟教授所言:"历史素养是通过日常教化和自我积累而获得的历史知识、能力、意识以及情感价值观的有机构成与综合反映;其所表现出来的,是能够从历史和历史学的角度发现问题、思考问题及解决问题的富有个性的心理品质。"

学科核心素养是学科和教育的有机融合。从三维目标走向核心素养,是学科教育高度、深度和内涵的提升,是学科教育对人的真正的回归。

(一)历史核心素养的基本观点

核心素养关注学生在现在及未来社会应该具备的关键能力、知识技能、态度及情感,它通常被认为是关键能力与态度品质的综合。历史教育界结合历史学科特点,提出了一些关于历史核心素养的观念,下面简要列举其中具有代表性的几个观点。

(1)有学者从历史素养与学科能力的关系出发,将历史素养界定为:通过日常教化和自我积累而获得的历史知识、能力、意识、情感以及价值观的有机构成与综合反映。[①] 其所表现出来的是能够从历史的角度发现问题、思考问题及解决问题的个性鲜明的心理品质。

(2)有学者从历史学科素养与史学的关系出发,通过解读史学研究过程,对历史学科素养的基本构成进行了归纳总结,指出从研究动机的视角看,学术的历史学具有现实性。这决定了历史

---

① 　王德民．中学历史教学设计[M]．芜湖:安徽师范大学出版社,2017．

课程具有强烈的生活意识或现实意识;从研究抓手的视角看,史料是整个历史学研究的基础和操作对象。这决定了历史课程具有浓厚的证据意识;从研究过程的视角看,学术的历史学是一个问题解决的过程,具有问题意识。学术的历史学还是一个理解的过程,具有融合意识。史著等历史研究成果可分为四个层次,分别是客观史实、历史叙事、历史认识和历史评价,这决定了中学历史学科素养具有分层意识。

(3)有学者从国际学生评估项目对学科素养的界定出发,对比了中美历史教学的学科素养关注点的差异,将历史学科素养划分为多个维度,包括学生对历史知识的理解、历史知识在新情境中的运用、对历史学科方法的反思、历史元认知的发展等。

(4)有学者从历史学科核心素养与高中历史教学实践的关系出发,将历史学科核心素养界定为:"中学生为适应现在生活及面对未来挑战所应具备的核心历史知识(时空知识、人物知识、史观知识)、历史思维能力(表达历史知识的能力、历史解释能力、历史理解能力、历史逻辑推理能力)以及认同、尊重和融入历史的态度(对自身、民族、国家、社会及世界的态度)。"[1]

(5)有学者从历史核心素养与历史学的关系出发,论述了历史学作为历史核心素养的基本前提的局限,指出历史思维是历史学科核心素养的重要特征,并指出认识自我是历史学科核心素养的重要功能之一。

综合来看,历史教育界更多地将历史核心素养看成是历史知识、能力、意识及品质的有机统整与综合。

(二)历史核心素养的基本要素

历史核心素养的基本要素包括以下几点。

1. 唯物史观

历史研究离不开人,这就涉及人的思想与心灵。历史的知识

---

① 王德民. 中学历史教学设计[M]. 芜湖:安徽师范大学出版社,2017.

是关于心灵在过去曾经做过什么事的知识,同时它也是在重做这件事;过去的永存性就活动在现在之中。①

科学的历史观要求师生认识历史不仅要考证史料,辨别真伪,更要赋予其价值,由此需要历史理解,通过历史教学,要求学生依据可靠史料设身处地认识具体的史实,对历史人物、事件要有"同情的理解",能够感悟和理解历史事件和人物,能够体现出尊重和理解他人、客观处理问题的态度,能在历史环境中去分析历史事件与人物及其行为。

2. 时空观念

历史两个最基本要素是时间与空间。历史性与时间性密切相关。"变迁"与发展是历史的本质,为了确切显示人和物的变迁,必须将这种变迁置于一种时间框架中,时间观念是感知、理解历史的首要认知性前提。但同时间观念又依附于空间观念,人类需要借助空间给时间定位,时间和空间,不管它是存在,还是人的思考中错觉的范畴,都是不可分割的统一体。时空观念既是学生认识过去、感知特定历史人物和事件的前提条件,又是理解历史变迁、把握历史与现实联系的认知依托。

3. 史料证实

史料是史学研究的基础,是学生感受历史、确证历史的证据来源。在历史本体意义上,历史绝不是用叙述写成的,它总是用凭证或变成了凭证并被当作凭证使用的叙述写成的。在学生的"认知世界"里,史料是学生重构历史情境的证据。证据意识既要求学生懂得"用证据说话",更要"一分证据说一分话",即要能辨析史料真伪,能从不同类型的史料中提取有价值的信息,能够辨清、理解史料作者的意图。证据意识不仅包含了必要的逻辑推理、分析与比较等能力,还蕴含着更深层的科学精神。

---

① 王德民. 中学历史教学设计[M]. 芜湖:安徽师范大学出版社,2017.

4. 历史解释

历史解释要求在能做到对历史人物事件理解的基础上,对客观历史做出合理分析与解释,历史解释与历史理解既有联系,又有区别。历史解释涵盖历史理解,但又超出历史理解。历史解释基于历史理解,更偏重于指向历史意义的外在表达过程。这里的历史意义不等于文字意义,其指的是在历史的上下文中解读的实践和文化意义。历史解释要求学生既能区分历史叙述中的史实与解释,能分析所学内容中的历史结论,更能结合实践赋予历史问题以现实意义。

从某种程度上看,对历史的解释与评判也是一种自我反思性的、指向未来的思维。历史评判要求学生能依据一定价值观准确判断史实,能分辨历史上的真伪、善恶、进步与倒退等,并能将对历史的认识延伸到对自身成长与社会现实的认识上,形成积极进步的世界观、人生观与价值观。

5. 家国情怀

学习历史的重要意义之一就在于了解人类历史文化与文明,并对当前社会建设与发展做出反思,更好地建设当下的家园。高中历史教学中,教师通过历史教学,应使学生学会进行科学的历史评判,以特定价值取向为依据对某一历史事件、人物或现象进行评价。历史评判涉及事实与价值,学会历史思维,历史思维包括历史意识,这需要及时反复思考,这对于学生建立家国情怀,树立科学的社会价值观具有重要意义,培养学生的家国情怀也是历史教与学的重要任务之一。

以上历史核心素养的基本要素,对应并契合着其构建依据:时空观念、证据意识外在地规定着探究历史的条件与方法,历史理解、历史解释与历史评判内在地洞见着理解历史的人文精神与价值,两者统合于历史学既具实证又兼诠释的人文学科特质中。而且,时空观念、证据意识所蕴含的求真态度与科学精神,历史理解、历史解释与历史评判所产生的人文关怀与社会责任都在不同层面具体地回应着"立德树人"教育的根本宗旨。从实践上看,历史核心素养的基本要素与美、英等国家的历史学科思维所界定的内含要素有一定程度的重合,也与现行历史课程目标的某些成分相近,有可借鉴的、可行的现实操作空间。

第二节　高中历史教学多维 历史观的建立

高中历史教学中,教师要清楚应该引导学生建立哪些历史观,要通过巧妙的教学设计,以合理的方式向学生传授不同历史观的基本理念和方法,并客观分析各种历史观的优势与缺陷,使学生也做到心中有数。本节主要就高中历史教学多维历史观的建立展开分析。

一、文明史观:从宏观角度观察历史

文明这个概念是与野蛮相互对立的,有人用"人类社会的进步过程和发展趋向"来解释文明一词,这一概念包括整个人类社会的文明和不同类型的文明两个层次,而文明史观主要是基于文明的第二个层次来对人类社会的进步及发展进行探讨。这一历史观指出,人类社会的演进史就是人类文明的发展史。

文明史观这一历史观和全球史观、现代化史观相比更为宏观,其在一定程度上已经将这两种历史观涵盖了。

文明史观主要从不同类型的文明出发探讨人类文明的演进,文明的常见分类方法见表3-3。

表 3-3　文明的分类方法[①]

划分方式	类型
纵向划分	采集文明
	狩猎文明
	农业文明
	工业文明
	后工业文明等
横向划分	政治文明
	经济文明
	文化文明等
根据地域特色	古代埃及文明
	印度文明
	中国文明等
根据宗教特色	中国儒家文明
	阿拉伯伊斯兰文明
	西方基督教文明等

（一）文明史观的主要内容

文明史观主要包括以下重要内容。

1. 长时段考察历史

例如，教师对"古代中国经济的结构与特点"这一知识点进行讲解时，就要跨越漫长的历史时期对古代中国经济的发展规律及特征进行探索与分析，而不能只是简单列举古代哪个时期有哪些重要经济事件发生，这不利于学生对历史的系统把握。

2. 站在人类文明的高度追溯历史

例如，农民起义一直是中国古代史的主要研究对象之一。农

---

① 钟红军. 追问历史教学之道[M]. 重庆：西南师范大学出版社，2014.

民起义事件的发生都有特定的历史背景,结合当时的背景我们可以理解农民为什么要发动战争,而且即便是从现代人的角度来看,这也是值得同情的。但若从人类文明发展的高度来追溯历史,则不提倡农民起义。这部分历史内容会在一定程度上影响学生对现代社会的正确理解,因此在新课改背景下高中历史教材中关于这部分教学内容的安排适当进行了调整。

又如,学生在世界史的学习中,不需要掌握所有关于古罗马史、古希腊史的内容,教师只要对民主精神、法律精神重点进行传授,强调精神启发即可,因为这些精神不仅是古代文明的精华,而且对现代社会依然具有重要的影响及借鉴意义。

3. 观察人类社会这个有机整体

文明史观注重对人类文明发展脉络的总体概括,强调对人类文明成果的客观总结,对于人类社会的进步表示充分肯定,同时也会将社会发展中的一些问题揭露出来。文明本身就是多元的,这一点是文明史观所承认的,文明史观指出文明有大小、强弱的区别,但没有孰好孰坏之分。同时,各类文明之间的关系也是文明史观所关注的一个焦点。

4. 对文明发展阶段的划分以生产力为标准

文明史观将人类文明的演变史分为两个阶段,一个阶段是农业文明,另一个阶段是工业文明,显然,这是依据生产力这一要素划分的。我们经常说的现代化指的就是从第一个文明阶段向第二个文明阶段的转变。

5. 综合研究纳入世界文明中的中国文明

在中国文明的研究中,应将其纳入世界文明体系中,以便于进行综合性的研究。

第一,基于世界文明的演进这一大背景对中国文明的发展历程进行考察,明确在世界文明中中国文明处于什么样的地位,对比中国文明与其他文明的异同,以对中国文明的独特性有更清晰的认识。

第二,不按社会形态的演变历史对中国文明的发展线索进行考察,主导线索应该是中国文明发展的阶段划分。

第三,以中国文明的视角对世界其他文明的演变发展进行考察。

(二)文明史观在高中历史课程中的体现

上面已提到,文明可以横向划分为政治文明、经济文明和文化文明,高中历史课程标准在必修模块体系的构建中就是以这一划分方式为基础的,这反映的是人类文明的整体演变史,而不是人类政治史、人类经济史和人类文化史等人类单个领域的发展历史。

文明史观在高中历史课程中不仅体现在必修模块体系的构建中,还体现在课程标准的总体要求中,即"对人类历史发展的统一性和多样性有正确的认识,对世界不同民族、国家及地区的文化传统予以理解和尊重,善于对人类优秀文明成果加以吸收与借鉴,树立开放的世界意识"。①

二、唯物史观:从客观角度观察历史

(一)马克思主义史学思想

产生于 19 世纪 20 年代的实证主义史学、客观主义史学等科学主义流派本身是有缺陷的,如缺乏实践性,而产生于 19 世纪中期的马克思主义史学克服了这一缺陷,强化了史学的实践性。西方当代史学思想于 20 世纪 80 年代开始流行,但从目前来看,在众多流行的史学思想中处于主流地位的依然是马克思主义史学。

① 钟红军. 追问历史教学之道[M]. 重庆:西南师范大学出版社,2014.

尽管文明史观、全球史观、现代化史观等众多历史观念在高中历史课程中都有不同程度的体现,但不违反马克思主义史学思想是这些历史观在实践中得以体现与运用的一个重要前提条件。

（二）唯物史观的基本内容

唯物史观主要包括以下内容。

1. 辩证看待历史发展

唯物史观提出要用辩证的观点看待历史发展。人类社会发展的根本推动力量是经济,这一点是唯物史观所肯定的,经济社会的发展又受到了政治、文化、道德的影响。

2. 人类社会是一个整体

人类社会是一个统一的有机整体,构成这个整体的各个方面都是密切联系的。社会生产力与生产关系之间、经济基础与上层建筑之间在矛盾中不断运动,社会的发展进程就是受此所支配的。

3. 历史的客观规律不以人的意志为转移

唯物史观指出,人类历史的发展经历了由低级向高级的变化过程;社会生产力和生产关系这对矛盾在反复运动与不断变革中推动社会历史发展;社会阶级斗争也在很大程度上影响社会历史的演进。社会历史的发展有其自身的规律,这些规律本身就是客观存在的,不以人的意志为转移,但人类也不能因此而被动,而要发挥主观能动性,推动社会历史的进步与发展。

4. 人民群众推动历史发展

在历史发展进程中,人民群众所发挥的作用不可低估。人民群众作为历史的创造者,既创造了历史的积极因素,也创造了历史的消极因素。人民群众对历史的创造并非抽象性的活动,而是具体的活动。

5. 人的发展是社会发展的最终目标

张庆海在《中学历史教学中的史学理论问题》中指出:"马克思主义史学将建立人的发展作为科学史学论证的终极目标……马克思主义史学是近代科学史学中唯一系统而完整的具有科学性与人文性的史学流派。"[①]实现人的发展是社会发展的最终目标,也就是说,社会发展最终要促进人的发展。社会发展是人类发展的重要依赖,同样社会发展也要依赖于人的推动。

三、社会史观:从俯视角度观察历史

(一)社会史观的代表

社会史观的代表是法国史学流派——年鉴学派,该学派萌芽于 20 世纪 30 年代,形成于 20 世纪 40 年代,其真正在世界上产生广泛影响是从 20 世纪 60 年代开始的。年鉴学派弥补了传统史学的缺陷,强调历史是一个整体,人类各个领域的活动都包含于其中,各领域又相互作用,密切关联。要体现历史的整体性,就要借鉴社会科学的方法,如社会学、经济学等,并强调采用"共时性"方法来研究人类活动各个领域的横向关系。"社会时间"为该研究方法的运用提供了一个相对静止的操作平台,历史的流变性质、"共时性"研究取向都能从中反映出来。

(二)代表流派的主张

年鉴流派的主张主要表现在以下几个方面。

1. 倡导"总体史"

年鉴流派指出,历史包罗万象,人类社会各个领域的活动都

---

① 钟红军. 追问历史教学之道[M]. 重庆:西南师范大学出版社,2014.

包含其中。历史教学除了要将宏观层面的政治史、经济史、文化史等作为主要内容外,对人口史、生态史、教育史等领域也应有所涉及。

2. 研究"心态史"

这里所说的心态强调的是群众的心理,尤其是心理动机,研究对象不能局限于名人,也就是不局限于历史英雄,所有群众,乃至小人物都可以作为研究对象,主要对他们的心理发展过程、心理动机进行研究。

3. 定量研究

在历史研究中为了将数量的变化直观呈现出来,可将大量的数字、曲线运用于研究中,然后以数量变化为依据对质量的变化进行说明。定量研究提醒历史教师在教学中要善于运用数据、图片、表格等方式直观地呈现数量方面的变化,如国家经济结构的变化,百姓基本生活品的变化等。

总之,社会史观肯定普通民众对历史发展的重要贡献,指出不能将政治大人物看作是决定历史发展的主要力量。普通民众虽然默默无闻,但历史的发展确确实实是由他们的劳动及生活所决定的。

四、现代化史观:从纵向发展的角度观察历史

现代化的概念可以从历史的视角进行解释,包括广义和狭义两个层面的概念。

从广义上讲,现代化指的是世界性的历史过程,是工业革命以来人类社会发展所面临的一场急剧变革,工业化是这一变革的推动力,在此推动下传统的农业社会逐渐过渡到现代工业社会,这一转变是全球性的,全球政治、经济、文化等各个领域都不同程

度地渗透着工业主义,且各个领域也都因此发生了重要变化。①

从狭义上讲,现代化指的是落后国家通过一些途径(如计划性技术改造、学习先进国家的经验)带动社会改革,以赶上先进工业国、不断适应现代世界环境的发展过程。狭义上的现代化显然不是一个自然的社会演变过程。②

现代化理论(发展理论)产生于 18 世纪后期,早期该理论的代表作是《国民财富的性质和原因的研究》(亚当·斯密),这本书中作者对一些非资本主义国家不发展资本主义的原因及相关问题进行了详细的探讨。政治民主化、经济工业化是现代化的核心内容,除了这些核心内容外,现代化的附属内容非常丰富,具体包括个人独立化、社会城市化、教育世俗化等。

现代化进程主要有原发型和传导型两种,前者属于自发转变,内部因素是主要驱动力,代表地区是北美、西欧;后者不是自发转变,而是对现代世界环境的被动适应或一种回应,外部刺激是主要驱动力,包括中国在内的大多数国家的现代化进程都属于这种类型。中国近代史学者普遍习惯使用"近代化"一词,其实他们要表达的就是"现代化"的概念,所以历史教师在教学中不需要刻意区分二者。

五、全球史观:从横向联系的角度观察历史

(一)全球史观的意义

全球史观认为,国别史和地区史的简单组合并不代表就是完整的历史,这一历史观强调不同地区的历史、不同国家的历史的相互关系。从世界的宏观视角看待问题,这是全球史观作为一种常见历史观所具有的最基本的意义。

① 罗荣渠. 现代化新论:世界与中国的现代化进程[M]. 北京:商务印书馆,2009.
② 同上.

（二）全球史观的要点

全球史观的要点主要表现如下。

1. 人类社会是一个整体

《全球通史：1500年以前的世界》（斯塔夫里阿诺斯）一书指出，全球史观主张对全球的历史进行研究，而不是对某个国家或地区的历史进行研究，这一历史观将整个人类作为关注对象，而不是仅仅将东方人或西方人作为关注对象。

全球史观的特征主要表现为，它是整个世界的历史观，它超越了地区与地区、民族与民族、国家与国家的界限。

2. 强调世界的联系

在历史学中，世界史是非常重要的一门学科。人类历史上人们最早是孤立分散的，地区之间、国家之间联系甚少，到现在，世界已经发展成为一个整体，人群之间、国家之间以及地区之间密切联系。作为"从分散到整体"的世界史体系的构建者，我国著名史学家吴于廑构建指出，世界史主要是系统地阐述与探讨人类历史从分散到整体的整个过程。

3. 重视整体与局部的关系

全球史观指出，世界上没有完全独立存在的文明，任何一种文明都要依附于某一体系才能存在，该体系又是由多种文明组成的，一种文明的兴衰变化除了与其自身因素有关外，也与其所依附的文明体系有关，这也是沃勒斯坦的"世界体系说"的基本观点。

4. 审视历史的基本单位是社会空间

不同的历史观在历史的审视中的基本单位是不同的，如文明史观以文明为基本单位，唯物史观以社会形态为基本单位，而全球史观以社会空间为基本单位。

与人类日常生活关系紧密的生活圈就是社会空间。社会空间可大可小，每个个体都会受到特定生活圈的影响。社会空间的变化体现在很多方面，小范围来看，可从个体的生活圈中体现出来；大范围来看，可从世界由分散独立状态走向密切联系整体的过程中体现出来。

第三节　高中历史有效教学设计

一、促进学生历史核心素养实现的有效教学过程设计

在高中历史教学中，要真正落实核心素养，促进学生历史核心素养的实现，就要注重对历史教学过程进行有效设计。下面主要从三个方面来探讨高中历史有效教学过程设计。

（一）核心素养立意，落实"以生为本"的教学理念

在新课改中，深入人心的"以人为本"理念主张在教学中以学生发展为本，但教师"满堂灌"的不良现象在课堂教学中依然没有完全消失。导致这一现象无法彻底根除的一个重要原因就是在课堂教学中占主导的"知识立意"，而"教师讲，学生记"是课堂上传授知识最简洁、最经济的方法。在应试教育时代，这种教学方式让学生记住了知识点，学生在考试中得心应手。但现在是素质教育时代，考核评价正在不断改革，教师要"以学生为本"展开教学，要实现促进学生全面发展的目标，而掌握知识只是实现该目标的一个方面，除此之外，还要让学生达到方法与能力、情感态度与价值观方面的目标。对此，高中课程改革中将"核心素养"理念提了出来，并在考核评价标准中新添加了"学业质量标准"，这样一来，促进学生全面发展的目标不再抽象模糊，而变得具体化了，这样也提高了考核评价的可操作性，能够在学生学习方式变革中

提出一些有价值的意见,真正按照正确的方向对全面发展的人才进行培养。因此,在高中历史教学中要围绕培养学生的历史学科核心素养来设计教学活动,以"核心素养"立意,坚持"以学生全面发展为本"的教学理念,在此基础上对教学目标、教学内容、教学方法模式以及教学评价等各个环节进行有效设计。

教学立意不同,就应该选择不同的教学内容,设计不同的教学方法,构建不同的教学模式。可以说,教学目标、教学内容及教学方法的设计与实施以及教学评价的指向都是由教学立意所决定的。所以,在高中历史学科教学中,应坚持以"核心素养"立意,在此基础上展开对历史教学活动的有效设计。

（二）开展探究活动,引导学生自主学习

在高中历史教学中,能否真正落实核心素养,关键要看学生能否充分且有效发挥自身的主体性。因此,对学生历史学习的自主积极性及创造性进行调动非常重要。在历史课堂上,教师要基于对历史教材内容及教学内容历史内涵的准确把握及充分理解而设计教学活动,且要对核心素养目标有所明确,将教学内容恰当地转化为有探究价值的话题,并设计相应的探究性活动,从而引导学生自主探究。

高中生还不具备很强的能力来解析历史材料,并对历史材料进行综合论证,教师的示范引导显得非常重要,学生将所学知识或所获取的材料信息运用于问题的分析及观点的论证中,这需要教师的引导与帮助。教师在做好示范分析后,将学生分成若干学习小组,各小组进行探究式学习,自主搜集材料,提炼观点,论证观点,并回答教师提出的问题。学生在小组探究学习中可对教师的示范模式予以借鉴,在历史问题的分析中要尽可能从多维历史观出发,解释历史问题要由表及里,不断深化,透过表象看本质。在这个过程中,学生的探究精神、创造精神及核心素养（唯物史观、史料实证、历史解释）都能得到强化与提升。

（三）创设问题情境，使学生深入体验历史境况

从根本上来说，学生的核心素养是解决复杂的、不确定的现实生活情境的综合品质，是其在与情境的持续互动中不断解决问题、创生意义的过程中形成的。[①] 在历史教学中，学生最开始难以认同教材中的历史知识和结论，也难以产生共鸣，针对这个问题，历史教师应将丰富的历史素材利用起来，合理设计问题，从而实现历史的"再现"，这样学生就有机会与历史展开对话、互动，并身临其境地感知历史，从而对历史的变迁产生深刻的感悟，并逐渐形成更高级别的历史思维，掌握丰富的历史方法，在现实中运用这些所学所得去更好地应对和解决实际问题。需要注意的是，教师创设的问题情境既要能最大限度地"还原"历史，又不能脱离学生的现实生活，要注重问题情境的真实性。

历史教师合理创设问题情境，使学生的探究学习、合作学习以及体验学习都基于特定的问题而展开，这有利于学生更好地对比分析历史和现实问题，使学生将自己所收集的史料信息利用起来去论述问题。在特定的历史时空下，学生对历史问题的对比分析、综合探究等都能恰当地把握好时空尺度，而且对所探究问题的论述也更具合理性。学生对一些历史结论进行尝试性验证，主要基于自己所掌握的丰富的史料上，验证的同时也能发挥创造性，从新的视角解释历史现象。由此可见，创设问题情境有助于提升学生的历史核心素养，具体从时空观念、史料实证和历史解释等要素中体现出来。培养与提高学生的历史核心素养，能够使学生更好地应对与解决现实问题，真正做到"以史为鉴"。

在情境式教学中，历史教师还要注重对教学方法的合理选用，要尽可能选择那些可以激发学生学习兴趣，使学生在学习过程中将自身主动性与创造性充分发挥出来的教学方法，学生只有亲身参与及充分发挥能动性，才能对历史有更好的感知与理解，

---

① 李月琴，邹玉峰. 基于历史学科核心素养的有效教学过程设计[J]. 基础教育课程，2018(14)：7-11.

才能将教师所创设的历史情境中的问题解决好,形成良好的解决问题的能力。

有些历史现象看起来似乎缺乏合理性,对于这类现象,历史教师要善于结合史料对历史情境及相关问题进行恰当的设计,使学生能够在特定情境中对看似不合理却在情理之中的历史现象予以理解,获得深刻的感悟,打消"这些不合理现象是历史'悖论'"的想法。需要注意的是,并非任何一个历史现象都适合采用情境式教学法,都能创设出相关的历史情境,或者说都必须采用这一方法才能展开教学,这就需要历史教师认真分析历史事件的每个环节,确定哪个环节更适合创设问题情境,更适合采用情境教学来培养学生的历史核心素养,有些环节所包含的核心素养要素非常丰富,对于这些环节,要合理创设历史情境,设计情境中的问题,引导学生思考与处理问题。例如,在辛亥革命教学中,教师创设问题情境才将图片材料、文献材料等素材充分利用起来,引导学生在学习过程中感受生命力旺盛的中国传统文化,促进其民族自尊心与民族自豪感的提升,强化学生的爱国情怀。此外,教师可多为学生提供自主学习空间,让学生重视对史料的研习,学生通过解读史料、解决问题,其时空观念、史料实证能力及历史解释能力等核心素养都能得到不同程度的提升。

二、促进学生历史核心素养实现的有效教学策略

(一)以历史视角开展教学,融入历史意识

历史意识是人类对自然及社会在历史长河中出现的现象、变化产生的认识。人类只有树立了历史意识,才会不断对历史进行反思,才会积极主动地继承与弘扬优秀的历史文明成果,并推动历史向更高级、更文明的阶段发展。在历史教学中,教师的教学内容讲解与论述应从历史角度切入,不能仅是"历史的旁观者",应在教学中融入对学生的"历史意识"的教育,结合具体历史事实

进行拓展分析,帮助学生树立历史意识。

例如,在课堂上讲解"近代资本主义曲折发展"这一知识点时,教师可提出这样一个问题:"在当时历史背景下,如果你是一个资本家,想开一个丝绸厂,需要具备什么条件?"提出问题后,将学生划分为若干小组,要求各小组讨论,然后让各小组派代表说出讨论的结果,最后教师进行总结,即在当时要开一个丝绸厂,需要具备资本、技术、原材料、劳动力、竞争力等条件,这是确保丝绸厂顺利且持续运作的缺一不可的条件。通过这样的课堂设计,学生能够全方位了解近代资本家办厂所需要具备的各方面条件。同时,历史教师还可以引导学生对近代资本主义和现代市场主义的相同之处与不同之处进行思考,使学生能够从历史视角认识历史社会,并能通过对历史社会的认识与分析来更好地分析现代社会。

(二)创设情境,使教学更生动,有代入感

历史事实具有无法重现性,很多历史事实需要教师讲解与描述,仅凭借教师语言讲解和教材图文展示,学生了解历史事实与历史人物的主动性不高,鉴于此,高中历史教学中,历史教师必须采取适宜的教学手段,将抽象的历史内容形象地呈现在学生眼前,让学生可以贴近历史、学习历史、感悟历史。

教学实践中,历史教师要采取各种教学手段,指引学生深入感受历史,反思历史;引导学生主动思考、探索问题,挖掘历史内涵。使学生丰富历史情感体验,并树立正确的历史价值观。

例如,在"鸦片战争"知识的教学中,教师在课堂上利用多媒体为学生播放林则徐虎门销烟的视频,让学生感受林则徐为国为民英勇不屈的斗争精神,在此基础上让学生自主探索鸦片战争的背景、发生时间、结局、影响,激发学生的爱国情怀,培养学生的家国情怀。学生通过自主探索,能够深刻认知"落后就要挨打"的道理,从而进一步强化学生的爱国情感,提升学生的历史核心素养。

第四章　教学信息化背景下的
高中历史教学设计

　　随着社会经济与科学技术的不断发展,学校教学条件、环境与要求也在不断发生着变化,在当前信息时代,信息技术在社会各个领域得到了广泛应用,信息技术在教育教学领域的应用为学校教学提供了教学技术支持,当前我国学校教育教学进入教学信息化 2.0 时代,新时代高中历史教学也将更加丰富与多元,本章重点就当前教学信息化背景下的高中历史教学设计展开研究,以为新时期的历史教学设计提供理论与实践指导。

第一节　教学信息化概述

一、信息技术发展与教学信息化

(一)信息时代的到来

　　20 世纪 90 年代以来,以计算机技术为代表的互联网技术迅速发展,随着计算机的快速普及,计算机信息技术、卫星通信技术、光纤通讯技术快速发展与更新换代,人类社会进入信息时代。

　　信息时代的到来,有效地将人类从复杂脑力劳动中解放出来,工作效率显著提高,因此,信息技术迅速被引入和渗透到社会生产生活的各个领域。信息技术引入教育教学领域,为师生带来了新的教学体验。

（二）信息技术引入教学领域

教育是人类社会科教文化领域的重要组成部分,也在很大程度上受到了现代科技的影响。以多媒体技术和网络技术为基础发展而来的现代信息化教育技术,以信息处理为核心,更加注重人的作用。

随着互联网远程教育的迅速普及,教育技术不仅在学校各学科的课堂教学中得到了广泛应用,各学科教学还依托网络信息技术,积极开发与构建网上共享教学资源,将教学信息整合到网络课程中,以满足远程教育学习需求。

就当前的高中阶段的学生群体来说,他们是在信息化社会环境中成长起来的,他们接纳和吸收新的事物的能力非常强,也适应了信息技术发展过程中的各种视听享受与通过视听方式接受信息的习惯,传统历史教学中只依靠教师讲解、板书的教学方法,显然已经不再适应当前的高中学生,信息技术引入历史教学,是时代发展的要求,也是学生历史学习的必然需要。

（三）《教育信息化2.0行动计划》

信息化时代的到来,进一步促进了教育教学的信息化改革,越来越多的信息技术在教育教学实践中得到应用,信息化教学是学校教育教学的重要发展趋势。

随着信息技术在教育教学领域的日益广泛的应用,2018年4月13日,我国教育部正式印发颁布《教育信息化2.0行动计划》(Educational informatization 2.0),明确了新时期我国教育信息化的发展现状与未来发展方向,指出了到2022年,基本实现"三全两高一大"的发展目标(图4-1),我国教育进入教育信息化2.0时代。

在当前的学校教育教学中,信息技术是现阶段最先进的教育教学技术,信息技术引入教育教学领域,能为当前的课堂教学提供更多的丰富多彩的教学体验,并有助于拓展教育教学的时间与空间范围,对现代教育教学起到了重要的加分作用。在教育教学实践中,教师应科学与合理选用信息化教学内容、方法等,以增加师生的教与学的兴趣,丰富教与学的情景与情感体验,优化教与学的效果。

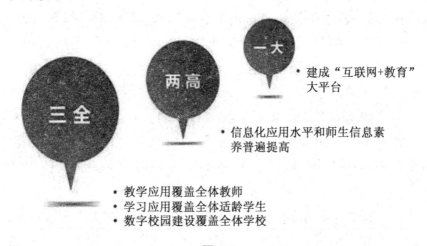

图 4-1

二、教学信息技术应用下的历史教学设计

(一)信息化教学目标设计

信息技术在历史教学中的应用,能以更加生动形象的教学方式来呈现和展示历史教学内容,有助于加深学生对历史素材、历史资料的影响,对于更好地实现历史教学目标具有重要意义。

高中历史教学实践中,教师在课堂教学中应用信息技术,应注重教学内容的呈现与历史教学目标的一致性,不能为了使用信息技术而使用信息技术,要让信息技术在历史教学中的使用为推进历史教学过程、实现历史教学目标服务。

(二)信息化教学情境设计

信息化教学技术融入现代高中历史教学,可使历史教学的课堂氛围更加活跃,使历史教学的教学情境更加生动、立体,能将学生有效地引导到历史教学内容中去,有更加丰富和真切的历史情感体验。

与传统教学技术相比,信息技术具有图文并茂、形象直观等许多优点,在创设学习情境方面具有自己的优势,充分地利用电教手段、网络教学手段丰富沉闷的课堂教学,调节课堂气氛,营造轻松愉悦的教学氛围,调动学生的学习主动性,让学生以更加丰富的情感体验与历史思维学习到本次历史课程教学目标要求的知识。

信息技术背景下的多媒体辅助教学创设教学情境的优势,是传统教学手段不可比的,高中历史教师应充分结合信息技术手段的优势创设教学情境,以激发学生学习兴趣,吸引学生历史注意力。①

教师在历史教学过程中,通过合理化的信息化教学技术来烘托适宜的教学情境,应避免信息教学技术的不当使用、滥用、与教学内容与目标不符或不贴切,这样会导致历史教学情境的设计过于牵强、泛滥,会令学生感到无趣、无效、虚假、烦琐。具体来说,历史教师在情境创设方面除了要以教育目标为准绳外,还要针对具体的教学内容,保证情境创设的真实性或生活性,落实历史教学的沉浸式教育。

(三)信息化教学资源设计

教育领域对计算机技术的应用主要是对文本教学信息资源的超文本处理,然后再将加工处理过的教育信息传递给学生,将知识资源数字化、平面资源立体化,是信息技术发展初期的教育资源优化利用的表现。

不同学科教学中,信息技术与学科整合的过程,要结合课程的具体内容和所拥有的信息资源,选用恰当的信息技术进行整合。

---

① 万小燕.探究信息技术与高中历史教学的结合[J].课程教育研究,2019(50):174.

在高中历史教学中,应用信息化教学技术,仅仅实现教学资源文本处理的转变远远不够,还应该强调基于互联网的大资源观,建立网络学习空间(图 4-2),丰富历史课堂教学中教师的教与学生的学的知识与内容。

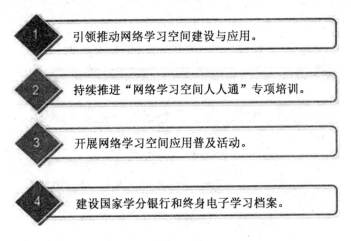

1　引领推动网络学习空间建设与应用。

2　持续推进"网络学习空间人人通"专项培训。

3　开展网络学习空间应用普及活动。

4　建设国家学分银行和终身电子学习档案。

图 4-2

互联网信息技术在高中历史教学的应用,不同地区、不同学校的历史教师、学生通过历史资源的网上共享,可以促进全国乃至全世界范围内的历史教学信息的传播,对于高中历史教学活动的参与者,无论是教师还是学生,都有机会更加全面与详细地了解和学习这些历史知识或者称为历史常识、历史文献等,有助于历史教学资源的丰富化,有助于历史教学资源的共享。

信息化大背景下,通过网络搜索,教师在实际教学中的信息量可快速扩展,教学信息更加丰富,同时,利用计算机网络传输、存储可构建丰富的历史课程资源库,为教师及教学均提供帮助,这对进一步提高历史教学质量及教学效率具有重要意义。①

特别值得注意的是,网络历史教学资源丰富多彩,为历史教学查找提供了便利,同时人人可提供与传播网络信息,人人可进

---

① 肉先古丽·玉拉音. 信息化条件下高校历史课教学的优化路径[J]. 教育现代化,2019(66):148.

行网上编辑,这也要求历史教师应注意鉴别网络历史教学资源相关信息的真实性、有效性。

(四)信息化教与学活动设计

信息技术引入历史课堂教学后,能为历史教学提供交互式的教学环境,在历史教学中,科学应用信息化教学技术,应注意不同信息化教学技术与具体的历史教与学的活动的有机结合,具体要求如下(图 4-3)。

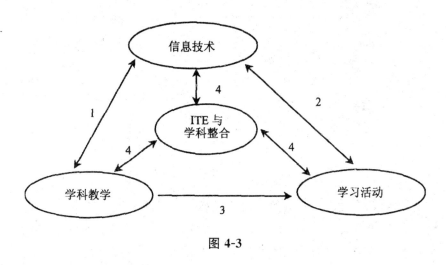

图 4-3

(1)信息技术与历史学科有机结合。将信息技术用于"教",整合手段包括 CAI、WebQuest、多媒体、校园网、远程教学等。

(2)信息技术与学生的历史学习活动有机结合。通过信息技术支持学生的学,如通过 CAL、CSCL、在线讨论、在线答疑等,促进师生、生生之间的交流。

(3)历史学科教学与学生学习活动的整合。学生在教师指导下,获取丰富的历史教学的资源,丰富教师与学生的历史知识结构体系。

(4)信息技术学科与其他学科及学习的整合,在历史教学中充分体现出信息技术的工具性、综合性特征。

第二节　高中历史多媒体教学设计

一、教学媒体与多媒体教学

(一)教学媒体

教学媒体是教学内容的载体和表现形式,是教学过程中师生传递教学信息的重要媒介。教学媒体的选用是否合理对教学效果具有重要影响。

发展到现在,教育教学媒体已经形成了丰富的内容体系(图 4-4),不同的教育教学媒体在实际的教育教学活动中所发挥的作用不同,随着社会科学技术的不断发展,未来必然将会有更多的教学媒体出现,但是这并不意味着传统教学媒体的淘汰,传统教育教学媒体与现代教育教学媒体在教学中所发挥的作用不同,二者互为补充,各有优势。

现代教育信息化发展背景下的历史教学环境和以往教学相比更加开放、共享、交互。相较于传统教育教学媒体,现代教育媒体设备先进,功能齐全,表达教育、教学内容方面,声像教材能把形、声、色、光、动、情、意融为一体,能满足教学上的各种需求,同时,学生也喜闻乐见,有利于优化教学效果。

在高中历史教学中,历史教师应结合具体的教学实际来选择相应的教育教学媒体,以促进历史教学效果的优化。

(二)多媒体教学

多媒体教学技术,即 CAI 技术,其具有可嵌入度以及良好的交互性能,其在学校教育教学中的应用,令课堂教学更加形象和生动。

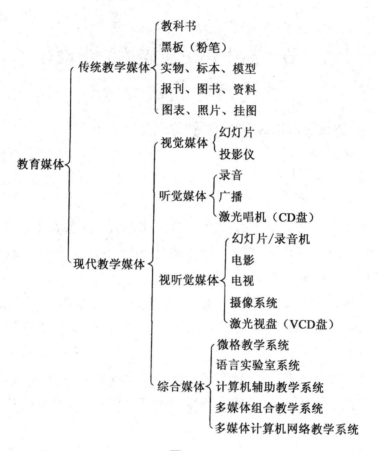

图 4-4

现阶段，多媒体教学技术引入历史课堂教学中，在教学过程中通过多媒体技术手段，向学生展示与本次课历史教学内容相关的相关录像、图片、flash 等，可有效提高学生的历史学习兴趣与注意力，有助于优化历史教学效果。

相较于传统的教学手段，多媒体教学具有以下特点。

(1)集成性。多媒体技术集文字、图形、声音、影像等为一体，具有集成性。

(2)智能性。多媒体技术对历史资料的直观的图片展示和动态的影像播放，能使整个历史教学更加生动、形象、立体。此外，多媒体技术依托于计算机信息技术，能利用计算机的智能化操作使课堂讲解、作业批改更智能、高效。

（3）便捷性。多媒体技术可实现内容随意跳转,视频、音频自由停放、慢放、回放,师生可随时调用查看进行教或学。

（4）长期储存性。多媒体技术可实现历史教学信息的全数字化加工、处理、存储,教学信息可长久保存不变质。

（5）提供学生参与课堂的机会。如在历史教学中,通过媒体工具展示教学材料,不再是单纯地讲授已有的定论,学生结合教师的分析自行整合、内化知识,师生互动过程中知识点掌握更牢;在教师指导下依据课本创作历史剧进行课本剧表演,能有效调动学生历史学习积极性,加深对历史的认识,提升自我认识。[①]

二、多媒体技术应用下的历史教学设计

多媒体技术应用于现代高中历史教学,是高中历史教学发展的必然趋势,要在历史教学实践中科学利用多媒体教学技术,优化教学效果,具体的多媒体教学应用与教学设计内容如下。

（一）教学需求分析

1. 必要性分析

多媒体教学技术优点很多,但是否适用值得深思,教师必须明确认识到,历史教师不能为了应用多媒体教学技术而应用多媒体教学技术,没有一种多媒体教学技术的选择与应用应有其应用目标与要求,能很好地为推动历史教学进程、实现历史教学目标服务。

多媒体教学技术是教学工具,多媒体教学技术的选择是为教学的顺利开展而服务的,如非必要可改用其他更适合的教学工具与教学方式。

---

① 周静. 多媒体在历史教学中的应用[D]. 华中师范大学,2019.

2. 多媒体工具选择

多媒体教学技术是一个综合性的教学设备与软件体系，不同的教学内容展示可选择与之相适应的多媒体硬件或软件，如果内容简单，动画少，图片多，可考虑选用 PowerPoint 演示文稿；如果交互及动画较多，程序复杂，可选用 Authorware、Flash 等编辑软件。历史教师应选择与历史教学实践相符的多媒体教学工具，对此要做到心中有数，以便于为将要进行的历史教学提前做好技术与工具准备。

（二）教学脚本设计

结合教学实际选定教学媒体后，就应该针对具体的历史教学内容，进行历史教学的多媒体课件的社交，历史教学的多媒体课件社交的第一步就是脚步设计。

多媒体教学中，程序脚本是程序运行的文字表述，有表格式和卡片式两种设计方式（表 4-1、图 4-5）。在多媒体课件制作前，应将清课程设计主程序、分支运行过程。可以用文字表达出来，再结合脚本组织、搜集素材。程序脚本是多媒体课件的框架，具有提纲挈领的作用。

表 4-1　文本脚本设计

	主题	呈现方式
文本区内容		
媒体 1		
媒体 2		
媒体 3		
……		

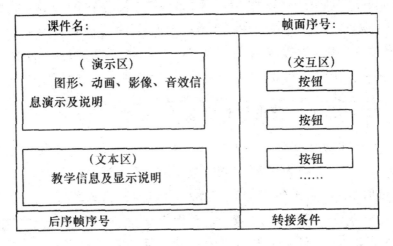

图 4-5

（三）教学素材收集与整理、制作

在经过以上的教学媒体应用框架设计工作完成之后，历史教师应结合本次课程教学的内容选择能够很好地表现具体教学内容的教学素材，并将这些素材进行收集、整理与加工、制作，使其能通过多媒体技术很好地呈现给学生。

在多媒体历史教学中，常见的教学素材主要涉及文本、图像、声音、动画、视频等几种类型，不同的教学素材与内容需要选择相应的多媒体教学硬件和软件进行展示，教学素材的选择会直接影响课件的表现效果，教学素材展示所使用的多媒体技术也会影响教学内容形象和生动的呈现效果。

在高中历史教学媒体课件设计与制作过程中，历史教师应结合教学内容和教学方式选择相应的多媒体展现教具，以便更加生动、形象地展现历史教学内容，加深学生对历史教学内容的影响，给学生更加生动与形象的历史冲击，使学生通过本次课的历史学习，培养和提高相应的历史意识、道德品质、价值观。

（四）教学课件评价与修改

多媒体历史教学课件在完成初步的设计与制作后，应进行必要的教学实验展示，以便于发现课件中可能存在的问题，或者多媒体技术适用过程中存在的问题，及时进行调整和修改，使之更贴合教学实践，更能满足教学需求，更有利于教学过程的顺利开展，确保在正式的历史教学中能收到良好的教学效果。

（五）教学课件使用与发行

多媒体教学课件最终修改完善后就可以投入使用了，在高中历史教学中，历史教师除了自己在历史课堂教学中使用外，还可以借助以制作完成的历史多媒体教学课件进行教学交流、推广或发行，使更多的学校、历史教师、学生在历史教学与历史学习中参考或直接使用，实现历史多媒体教学课件的教学共享。

第三节　高中历史网络教学设计

一、网络教学类型

（一）校园网教学

校园网是计算机网络的一种形式，是计算机网络的局域网络系统。校园网能为学校所在的地理空间范围内提供一个宽带多媒体网络环境，师生的开课、选课、备课、教学、资料查找等，都可以在校园网上实现。

更确切地说，校园网为完善教学管理，在校师生的教与学提供了一个互动、共享平台（图 4-6），在该平台中，不同的教育教学参与者都能更高效便捷地完成个人教学相关需求。具体分析如下。

（1）教师可以实现教学资源和教学计划的共享，以便学生预习、查阅和复习。

（2）学生可以实现网络系统选课，并在课外时间有机会与教师、其他学生进行在线交流,可极大地拓展教学空间与时间。

(3)校园网能有效连接校园不同教育部门、职能部门之间的联系,构建更加完善的校园网络管理系统,方便教学管理。

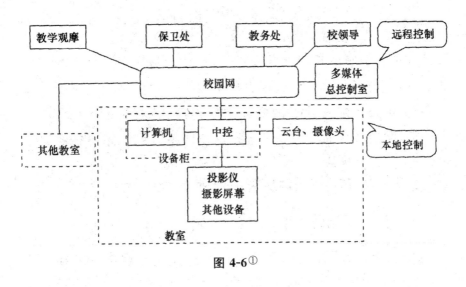

图 4-6①

(二)移动网络教学

移动网络教学是利用移动通信技术开展的网络在线教学,师生在任何时间和任何地点都能进行教学交流。与传统教学相比,移动网络教学具有以下特点。

(1)移动性:互联网移动教学可以实现线上教学的随时随地开展,学生不仅在教室、在学校内进行学习,还能通过互联网移动设备(如手机、笔记本电脑、平板电脑等)在任何地点(如地铁上、公交上)进行学习、获取学习资源。

(2)碎片化:移动学习能实现学习者在任何时间的学习,可以有效利用碎片化的时间来积累知识。

(3)个性化:移动网络教学为师生提供了更多的教学选择,教师可以从网上获取丰富的符合自身教学风格、教学需求的教学资料;学生也可以不局限于本校老师的课堂教学,可以在互联网上

① 廖守琴.现代教育技术基础[M].北京:科学出版社,2016.

检索与学习自己感兴趣的教学内容,互联网移动网络教学令教学更加个性化。

二、高中历史网络课程/课件设计

对于高中历史教师来讲,网络教学技术与平台为历史教学提供了更多丰富的教学资源,使得历史教学具有更多的呈现形式与可能性,历史教师要开展网络教学课程,就必须要熟悉互联网操作技术、网络课程教学特点,有能结合具体历史教学内容涉及网络课程/课件的能力。

具体来说,高中历史网络课程/课件教学设计内容与方法如下。

(一)网络课程结构设计

历史网络教学课程的总体结构设计应建立在历史教师充分了解和分析历史教学目标、教学内容和方法的基础之上。教学结构设计过程中,教师可以排列教学内容,并形成教学内容的网络框架,再利用一些有特色的多媒体方式凸显教学难点与重点,吸引学生注意。

(二)网络教学界面设计

网络课程教学界面设计,应考虑到教学界面的美观与方便检索,要能有效吸引学生注意,合理分配与使用文本、图片、声音信息,并注意界面的可操作性,方便学生根据自己的学习需要,找到网络入口,更深入了解课程内容与获取学习资源。

一般来说,一个网络课程都必须至少包括三个板块,即教学管理板块、学习功能板块和师生互动板块,教师应尽量优化这三个板块的广度和深度,为学生的网络课程学习通过良好的互动体验。

网络课程教学界面的成功设计,要求教师应熟练掌握不同网络硬件与软件的使用技能,如使用 Dreamweaver 将 Fire works 或

Photoshop 等档案移至网页上；设计 web 留言板、web 聊天室和构建动态网页；运用数据库技术进行信息存储、检索；利用多媒体技术演示等。

第四节　高中历史微课教学设计

一、微课的概念与作用

（一）微课的概念

微课（Microlecture），是运用建构主义方法转化成的、以在线学习或移动学习为目的，围绕某个知识点（重点、难点、疑点）或技能进行的一种教学。[①]

微课教学知识点少，通常为一两个，体系简单，教学对象少，因此，有人形象地称微课为"碎片化"的教学。

（二）微课的作用

开展微课教学，对不同教学参与者有不同的影响与作用，简要分析如下。

1. 促进学生有效学习

（1）提供良好学习环境。
（2）满足学生个性化学习需求。
（3）对传统课堂有效补充与拓展，查漏补缺。
（4）和谐师生关系。
（5）方便学习内容的永久保存、查阅、修正。

---

① 廖守琴. 现代教育技术基础[M]. 北京:科学出版社,2016.

2.提高教师教学水平

(1)教学目标更清楚、教学内容精简,针对性更强,教学设计更有针对性。

(2)微课教学可提高教师对教学媒体的操作能力。

(3)微课教学能提高教师对知识的概况、讲解和总结能力。

(4)微课教学有助于教师丰富教学经验,丰富教学方式方法,帮助教师转变教学思维,提高教学创造创新能力。

(5)微课教学设计是一个"研究—实践—反思—再研究—再实践—再反思"的过程,有助于提高教师的教学科研能力。

(6)微课教学有助于提高教师对新教学技术,尤其是信息技术的应用能力。

微课教学作为一种新的教学形式,不仅对参与教学活动的教师与学生的教与学有积极影响,对学校教学的发展也有重要的积极影响,有助于促进教学实践创新,促进教学交流与教学资源共享,促进学校教学的不断完善与优化。

二、微课的种类

(一)主题微课

主题微课目的在于解决某一教学问题,具体包括以下两种教学类型。

(1)"策略组合"微课:基于某一主题,总体引入—逐一介绍—总结梳理。

(2)"经典策略"微课:介绍某一策略(方法),引入—主体介绍—总结步骤与注意事项。

(二)细节微课

细节微课旨在解决具体而小的教学问题和细节,课程结构为"情境引入,有吸引力—细节与过程剖析—总结梳理",教学要求如下。

(1)小点切入:如一张图片、一件小事、一段对话等。

(2)视角独特:能从日常不易被注意到的问题中发现新问题和新思考方向,具有启发性、价值性。

(3)思考深入:有深度的追问与思考。

(三)故事微课

(1)"小故事"微课:讲述单一情节故事,情境引入—过程介绍—总结梳理。

(2)"波折故事"微课:讲述复杂故事,故事起因—策略—新问题—新策略—……(至少2轮)—拓展—梳理与反思。

三、高中历史微课设计

(一)微课教学课前开发

传统教学环境下,教学目标往往是概括性的、模糊不清的,依托信息技术的微课教学的教学目标力求具体、清晰,教师在课前提前向学生提供预习任务与要素,形成相关学习数据,以明确教学目标。

课前微课开发程序如下。

(1)教师开发学习任务单和练习,方便学生预习参考。

(2)教师在课前向学生推送微课,方便学生预习与自测。

(3)学生完成预习与自测,向教师同步反馈。

(4)教师根据学生反馈数据,明确教学重点与难点,以便在微课教学中有针对性地精准实施教学(图4-7)。

课前微课开发,主要服务于课堂的一个环节或者几个教学活动的集合,并通过网络教学平台展示,用于课前预习,并非完整课堂。①

---

① 郑婷婷.基于精准教学的高中历史微课开发与应用研究[D].杭州师范大学,2019.

图 4-7

（二）微课教学设计思路

（1）教师熟悉教材和学情,整体规划教学,挖掘教学重点、难点。

（2）教师明确教学知识点,确定教学知识点。

（3）以好的策略或创意解决教学重点、难点。

（4）围绕微课程的内容准备各种教学资源,如视频素材、教学媒体、文字材料等。

（三）微课教学视频制作

1. 外部视频工具拍摄

制作工具与软件:摄像机、黑板、粉笔等。
制作方法:对教学过程摄像。
制作过程:

（1）针对微课主题编写教案。

（2）利用黑板展开教学,摄像机拍摄教学过程。

（3）视频后期编辑。

2. 屏幕录制

制作工具与软件:计算机、耳麦、视频录像软件、PPT 软件。
制作方法:录制 PPT 演示屏幕。
制作过程:

（1）针对微课主题,搜集教学材料和媒体,制作 PPT 课件。

（2）计算机展示视频录像软件和教学 PPT,教师带耳麦、话筒,录制计算机桌面,边演示边讲解。

(3)视频后期编辑。

3. 便携视频工具拍摄

制作工具与软件:可摄像的手机、一张白纸、色笔、教案。

制作方法:利用手机摄像功能录制纸笔结合演算、书写的教学过程。

制作过程:

(1)针对微课主题编写教案。

(2)用笔在白纸上展现教学过程,手机拍摄教学过程。

(3)视频后期编辑。

4. 视频脚本制作

(1)微视频文字稿本撰写。说明文字的制作意图,明确教学内容与目标。

(2)微视频脚本整体制作。解释说明微课程的画面、图形、文字、展现方式等要素(表4-2)。

(3)微视频脚本详细制作。对视频的小段详细解释(表4-3)。

表4-2　微视频脚本的整体制作

画面编号	主界面 (屏幕制作)	画面布局 意图说明	知识点 编号	板块编号	素材类型
①					
②					

表4-3　微视频脚本的详细制作

画面编号	主界面 (屏幕制作)	画面说明 (进入、键出)	文字解说	占用时间	知识点 编号
①					
②					

（四）微课思维导图设计

作为一种"碎片化"教学形式，教师在微课教学过程中应避免教学知识点的过于松散，要注意完整的教学知识体系的构建，帮助学生理解不同知识点之间的联系。思维导图可以有效串联不同教学知识点，构建微课教学课程结构。

以《秋收起义》微课为例，教师在录制微视频的基础上，设计微课知识点的思维导图（图 4-8、图 4-9①），借助思维导图，可以帮助学生非常轻松地理解秋收起义背景、前因后果、历史地位，教学知识点及不同知识点的关系清晰明确、一目了然。

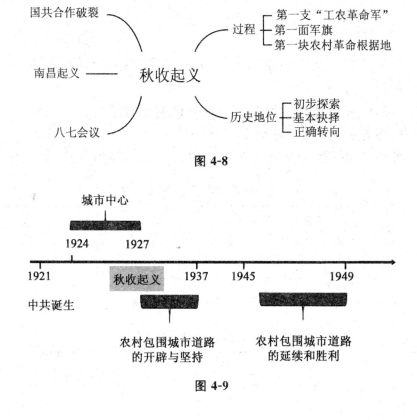

图 4-8

图 4-9

① 郑婷婷. 基于精准教学的高中历史微课开发与应用研究[D]. 杭州师范大学, 2019.

在微课教学中设计思维导读,有助于学生对具体历史事件、人物有一个完整的系统化的认识,避免知识点的"碎片化",并有助于学生在了解历史事实的基础上,建立历史意识,反思历史,提高历史学科素养。

第五节　历史课堂情境的创设与影视教学

一、历史课堂情境的创设

(一)教学情境的概念与分类

1. 教学情境的概念

情境是构建主义学习理论的一个核心概念,构建主义认为,学习者的知识是在一定的情境下借助他人帮助,利用必要的信息通过意义的构建而获得的。课堂教学情境是指在教学过程中教师为促进学生的知识学习和学习任务完成,而映照的课堂教学氛围和设计的课堂教学环境与条件。

2. 教学情境的分类

根据不同的分类标准,可以将教学情境分为不同的种类,详见表4-4。

表 4-4　教学情境的分类

分类标准	教学情境	
教学情境的虚实	真实情境	真实存在的人、事、物,通过语言、文字、图片、音像等展现
	虚拟情境	基于历史虚构人物与事件,人物思想在历史上真实存在,事件在历史中有可能发生

分类标准	教学情境	
教学情境 引入目的	体验情境	再现历史,使学生产生强烈情感体验,"同情"古人
	问题情境	提出探究性问题,引起学生心理冲突,激发学生自觉探究
	应用情境	检测学生是否能灵活运用所学知识
教学情境参 与方式	历史情境	情境素材取材于历史,师生均知道自己处于历史学习过程中
	生活情境	在现实生活中创设情境,在情境中感悟历史
教学情境的 规模	整体情境	整节课在一个大的教学情境中
	局部情境	围绕教学重点和难点创设一定的教学情境

(二)历史课堂环境的构成要素

1. 物理环境

课堂物理环境是显性环境,是教学活动赖以进行的物质基础,主要包括以下要素。

(1)教学设施

历史教学,离不开一定的物质条件支持,课桌椅、历史图片、多媒体教学设备等,都是历史课堂教学必备的基本物质,丰富的墙壁布置还是精神、道德、伦理教育的重要构成内容。

(2)课堂座位排列

课堂座位排列是历史课堂物理环境的必要构成部分。

研究表明,在教室空间内,讲台是最耀眼的中心区,课堂前排和教室的中间地带是学生较多参与教学的活跃区,其他区域的学生教学活动参与度小。

为了提高学生的教学活动参与积极性,历史教师在进行历史教学时,不能只站在讲台上讲解,应该在教室里不断走动,多提问靠边就座的学生,此外,还可尝试环形、长方形课桌排列的形式开展教学,方便学生学习与讨论。

(3)课堂自然条件

课堂自然条件情况,会对学生的学习心理与情绪产生影响,如教室内光线、温度、声音、色彩等,都会影响学生当下的学习心态与情绪。

(4)班级规模

就当前我国高中班级设置来说,班级人数往往过多,导致只有部分学生能参与正常课堂活动,可影响教学效果,适中的班级人数对于提高学生的课堂教学参与度是具有积极影响的。

2. 心理环境

(1)人际关系

历史课堂中的人际关系,具体指师生关系、生生关系。

师生关系是通过师生交往形成的,和谐的师生关系有助于历史教学活动中师生的良好互动,可以促进教学活动的顺利开展。高质量的师生关系有助于鼓励学生在课堂上成为积极的学习者。

生生关系建于学生个人的相同或相似的知识水平、情感、兴趣等,生生关系可影响课堂氛围与学生合作学习。

(2)教学气氛

教学气氛指历史教学过程中的师生共同情绪、情感状态,具有稳定性、综合性、交互性等特点。

3. 基于学科特征的历史情境

历史情境是联系学生学习经验与历史教学目标的桥梁。

高中历史教学中,学生具有建构历史内容的相关经验,但经验是零散、潜意识的,教师创设有针对性的历史情境,有助于激活、整合学生的历史内容构建经验,有助于提高历史教学目标的完成质量。①

---

① 何成刚. 历史课堂教学技能训练[M]. 上海:华东师范大学出版社,2008.

需要特别指出的是,教师创设历史情境要基于历史学科特征,要紧紧围绕教学立意与目标,情境的选题、角度、氛围都要与之相适应,尽量不要虚构,可结合历史事实进行合理想象与推测。

(三)历史情境创设的主要途径

1. 借助多媒体手段创设历史情境

当前,多媒体教学技术在高中历史教学中已经得到了较为广泛的应用,多媒体教学技术能生动形象地融合与呈现文本、图像、声音等,通过鲜明逼真的动态画面、情感丰富的音响刺激、立体丰满的形象塑造,能够为学生展现出生动逼真的历史教学情境,有助于吸引学生的历史学习注意力,拉近学生与历史的距离,并能使学生有身临其境的心理体验,有助于促进学生的历史思维与情感的形成。

2. 通过设置问题创设历史情境

在历史教学中,教师可以借助问题的呈现创设历史情境,让学生体验、感悟相关历史内容,激发学生的历史学习兴趣,激起学生的历史思维活动。

通过设置问题创设历史情境,简单举例参考表4-5。

表 4-5　通过设置问题创设历史教学情境举例

问题	学生回答	教师引申
被子着火,火刚燃烧,损失不大,这时最佳处理办法是什么?	积极灭火	这种做法类似于清政府与西方列强共同镇压太平天国运动,因为太平天国运动还没有发展到足以摧毁清政府的地步,对于列强来说清政府仍有利用价值。
被子已经烧得差不多了,这时最佳解决方案是什么?	另买一床新被子	引导学生认识辛亥革命势如破竹,清政府土崩瓦解,西方列强采取"中立"态度,实质是扶持袁世凯为新代理人(买一床新被子)。

3. 通过挖掘热点创设历史情境

高中历史教学客观陈述展现历史人物与事件,学史通今,历史教学是为了让学生了解历史、形成历史思维,以更好地看待现代社会、思考现代社会发展。历史教学应与当前的现实社会生活与发展联系起来。

历史教师在进行高中历史教学时,在教学设计中可以联系现实生活中的热点问题,通过史学内容与现实生活的联系,构建历史情境,激发学生兴趣,利用现实热点问题挖掘历史价值,增强学生对历史学科的关注、认同、现实使用。

4. 通过开展活动创设历史情境

在高中历史教学中,通过组织开展历史教学活动,引导学生积极参与到历史教学中,有助于加深学生对历史知识的学习与情感体验,这是创设历史情境的有效手段,常见活动形式有戏剧表演、游戏、角色扮演等。

二、历史课堂影视教学

(一)影视教学的概念

影视教学,具体是通过在历史课堂教学中引入影视作品,通过动态化的艺术作品来展示历史资料、创设历史教学情境的教学方式方法。

历史影视教学将影视作品引入到历史教学中,有助于提高学生的历史学习兴趣,帮助学生更生动形象地了解历史。

值得提出的是,影视作品的制作者是人,影视作品和文字记载撰述相同,不可避免地会带有主观意识,即便是以客观面貌呈现的纪录类作品也不例外,影视作品与文字作品相比其艺术时代审美更明显,且影视运用于历史教学,是现代教学的新发展表现。

(二)历史影视教学的功能

1. 重返现场

在高中历史课堂中,运用影视作品,能使师生有"身临其境""穿越到过去"的效果。例如,2007年,一部美国制作的反映南京大屠杀的纪录电影《南京》,记录了日军侵华犯下恶魔行径的真实历史,片中部分内容是由当时留在南京安全区的西方人士拍摄的历史胶片,还披露了当时日军战地记者如何拍摄日军撒糖给南京孩子们以示"慰民"的造假行为,还原了历史真貌。

2. 活跃思维

影视信息的丰富多彩与青少年的成长需求具有一致性,在高中历史教学中引入影视作品,能将学生的视觉、听觉充分调动起来,学习效果要比教师单纯板书更好。

3. 价值渗透

影视作品可以向观众传递不同的价值观,这种文化与价值渗透是在潜移默化中进行的,徐葆耕先生曾以007系列电影举例:007系列影响了美国及世界上的许多观众……把中东和亚洲许多地区妖魔化,许多007爱好者深信不疑。

不同创作者对历史的解读,将价值观输入到影视作品中,再通过观众观看向观众输出,《小兵张嘎》《平原游击队》《亮剑》《太行山上》等抗战题材影视剧的流行,能让不同年代成长起来的人从不同的角度去认识历史。

4. 美学熏陶

影视是艺术,历史影视教学能体现对学生的美学熏陶。

（三）历史影视教学准备与设计

1. 采集影视资源

采集影视教学资源，首选电视纪录片，因为纪录片最能以客观冷静的态度来介绍与评论历史人物与事件。

现阶段，各种以历史题材为主的影视作品内容丰富、种类繁多，教师在选用历史教学时，应尽量选择那些影视精品，并为历史影响教学建设影视资源库，以备教学使用（表 4-6）。

表 4-6　专题史高中必修一第一单元《古代中国的政治制度》
　　　　　教材相关影视课文对应表①

第一单元		古代中国的政治制度	
第 1 课		夏商周的政治制度	
内容要点		夏商的政治制度；西周的分封制；西周的宗法制	
序号	片型	片名	片长（分钟）
1	专题片	中华文明之光(4)大禹治水	28
2	科教片	安阳殷墟青铜文化	15
3	纪录片	百年中国（四十二）发现(2)殷墟	5
4	专题片	百个爱国主义教育示范基地巡礼(29)殷墟博物馆	9
5	专题片	世纪考古(1)殷墟	15
6	专题片	世纪考古(6)殷墟妇好墓	6
7	专题片	见证:尘封的王朝之失落的文字(商)	53
8	专题片	见证:尘封的王朝之遗失的岁月(商)	31
9	宣传片	中国史话之西周东周片花	30
10	专题片	考古中国(3)发现传奇之发现周原(周)	39
11	专题片	中国史话之西周东周	47
12	专题片	中华历史五千年(2)青铜时代（上）（下）	11

---

①　何成刚. 历史课堂教学技能训练[M]. 上海:华东师范大学出版社,2008.

续表

序号	片型	片名	片长(分钟)
13	专题片	教科文行动历史篇:夏商周断代工程(上)(中)(下)	55
14	宣传片	三星堆的消失与复活片花	1
15	专题片	三星堆的消失与复活(6集)	45
16	专题片	中国史话之三星堆文化	47
17	宣传片	中国史话之寻找失落的年表(1)片花	1
18	专题片	中国史话之寻找失落的年表(3集)	47
19	宣传片	中国史话之西周东周片花	30

2. 剪辑影视作品

剪辑影视作品的软件很多(表4-7),各有特点,这里不一一介绍,历史教师可根据自己的水平和习惯选用相应影视剪辑软件。

表4-7　播放剪辑影视文件常用软件

文件格式	播放软件	剪辑软件
DVD、VCD	PowerDVD、超级解霸	超级解霸
MPEG	超级解霸等	VCDCut
AVI	Windows Media Player 等	VirtualDub
WMV	Windows Media Player 等	Windows Movie Maker
RM/RMVB	RealPlayer 等	Rmedtgui
通用软件	暴风影音	会声会影

3. 影视教学设计

高中历史影视教学,结合历史教学的特点,具体教学设计内容与步骤如下。

(1)编写影视片段使用目标或设计说明,简单说明在某节课的某阶段使用某视频片段的目的。

(2)寻求影视教学的最佳作用点,找到最适合发挥影视教学优势的教学目标,并在历史教学中准备好相应的影视教学材料。

（3）有效结合影视教学同其他教学方式,在教学实践中,任何一种单一的教学方式方法的使用都不可能完成整个课程教学,高中历史教学也不例外,在高中教学实践中,历史教师应将影视教学与其他教学方式方法有机结合起来,以更好地推进教学活动开展,促进教学效果的最优化。

第五章 高中历史教学效果影响因素与优化策略

历史教学效果的好坏直接关系着历史教育教学的成败,影响着学生的健康成长和全面发展。优化与提高历史教学效果是所有历史教师的共同目标。高中历史教学效果受多方面因素的影响,只有充分了解这些影响因素,才能对症下药,采取科学有效的、针对性较强的策略去优化历史教学效果。本章主要就高中历史教学效果优化影响因素与策略展开研究,首先阐述教学效果优化的基本理论,然后详细探讨高中历史教学效果优化的主要影响因素及科学策略。

第一节 教学效果优化概述

一、教学效果优化的理论基础

(一)教学最优化理论

1. 教学最优化理论的阐释

苏联教育家巴班斯基提出的教学最优化理论集中体现了其在教育思想研究方面的成就。巴班斯基是在遵循一定方法论原则的基础上提出这一教学理论的,包括对教学活动的科学指导原则、对教学过程的合理组织原则等,同时,该理论的提出也是基于对各方面教学因素的全方位考虑,如教学目的任务、教学规律、教学原则、教学方法、教学形式、教学条件等,在综合考虑这些教学因素的基础上,教师明确安排教学过程,选择的教学模式也最适用于整个教学过程,与现有的内外教学条件相适应,这便于教师更好地控制教学过程,使教学的最优作用得以充分发挥,在可能的情况下获得最大最好的教学效果。教学最优化理论的缺陷在于拟定了比较烦琐的优选程序,不够重视培养学生的创造力等。当然,要求某一教育思想或教育理论在任何一个时代都能在教学实践中发挥作用是不切实际的,我们应看到每个时代在特定背景下产生的教学理论所具备的科学性与普适性,然后在教学中有选择地运用这些思想与理论来指导实践,发挥它们的作用。

巴班斯基的教学过程最优理论具有以下几个方面的含义。

第一,该理论的核心概念是"最优化",这一概念具有开放性,与一般所指的"理想的""最好的"都有所不同。教学最优理论中,在一定教学条件下师生通过共同努力而取得的最大成果就是最优化。师生都将自己的全部可能性发挥出来,因而使学生在规定教学时间内和已有教学条件下得到了最大发展,这就是最优的教学结果。

第二,教学活动既包括教师教的活动,也包括学生学的活动,这两个活动同时进行,是辩证统一的关系。教学最优化要求对这两个活动同时加以科学组织。如果单单认为只要科学组织教师的施教活动就能达到教学最优化,就说明对教学最优化理论的理解存在片面性。

第三,教学过程最优化是教师在教学中应贯彻的一项重要原则,不能将其看作是一种教学形式或方法。该原则要求教师在教学过程中对现有各种条件、方法予以全面考虑,在系统把握各项教学因素的基础上科学组织教学活动,合理控制教学过程,对最佳教学方案加以设计,避免教学的随意性、偶然性。

第四,组织师生的教学活动要遵循教学最优化原则,目的不仅是促进教学效率的提高,也是为了在现有教学条件下取得最佳教学效果,即获得最优化结果。开展教学活动既要考虑教学效率,又要考虑教学效果或教学质量,要尽可能以最小的消耗取得最优效果。

2. 教学最优化的核心问题

(1)教学最优化的方法体系

实现教学效果最优化的方法的总和就是教学最优化的方法体系,这些方法是相互联系的。教学最优化的方法体系中既包括教师教的方法,也包括学生学的方法,教授方法和学习方法有机统一,且二者都必须是最优化的。这一方法体系强调师生要共同发挥自己的最大力量,从而共同促进教学效果的优化与质量的提升。要注意的是,这并不意味着要给师生增加负担,而是要探索捷径,以最少的消耗取得最好的效果。教师在不同教学阶段要从本阶段的教学目标任务、教学内容特征及学生的实际学习情况出发对教学方法进行恰当选择,要善于优化组合不同的教学方法,最大化地发挥各种教学方法的功能。学生对学习方法的选择也很重要,所选方法要符合自己的学习特征,要有助于完成学习任务。

(2)现代教育技术的运用

新科技推动传统教育不断发展,使传统教育取得了良好的发展成果,其中就包括现代教育技术这一成果。现代教育教学过程与传统教育教学过程在根本上是密切联系的,但现代教育技术在教育教学过程中的使用更有助于达到教学优化的效果,这主要得益于教学资源更加丰富、教学媒体更加先进以及教学形态更加多元。在现代教育教学中运用现代教育技术,可以充实与丰富教学内容,并给教师提供更广阔的空间来创造知识。需要注意的是,教师不能过分依赖多媒体,甚至将教案用此来代替,在课堂上照本宣科,这不利于教师主导性的发挥。借助多媒体资源可以促进教学效果的优化,但并不是所有教学内容都适合以多媒体形式呈现出来,即使没有多媒体资源,教师也应能够发挥主动性,促进教学效果优化。

（3）师生关系

实现教学最优化的目的,要求师生都要发挥自己的最大可能性。在教学过程中,师生共生互动,双方相互影响,只有建立良好的师生关系,才有助于取得良好的教学效果。

（4）教学最优化的评价标准

一般可用效果标准和时间标准来对教学过程最优化进行评价,具体可以从以下几个方面来了解这两条评价标准。

第一,在教学中促进学生发展方面取得最大效果,如使学生掌握知识、技能,形成个性特征,提升智力水平等。

第二,师生在一定时间内以最少的精力消耗而取得最大的教学效果。

第三,师生在一定时间内取得较为理想的效果,且在自己能够控制的范围内消耗了最少的资源(如时间资源、经费资源、物质资源、人力资源等)。

（二）有效教学理论

20世纪上半叶西方兴起的教学科学化运动孕育了有效教学这一理念,教学效益(什么样的教学是有效的)是有效教学理念的核心问题。学术界对有效教学概念的界定还没有达到统一。我国学者在系统考察西方有效教学的相关研究后发现,西方学者主要基于三种基本取向来解释有效教学,分别是目标取向、技能取向和成就取向,但尚未作出统一的解释。国内外学者对有效教学的解释可谓五花八门,这里我们主要说明宋秋前教授对有效教学的解释:"有效教学是师生遵循教学活动的客观规律,以最优的速度、效益和效率促进学生在'三维目标'(知识与技能、过程与方法、情感态度与价值观)上获得整合、协调、可持续的进步与发展,从而有效实现预期的教学目标,满足社会和个人的教育价值需求而组织实施的教学活动。"[1]

---

① 邓慧杰.我国高校通识教育课程的教学优化研究[D].河南大学,2011.

有效教学包含以下几个方面的含义。

第一,有效教学的核心是学生进步与发展。学生的有效学习是评价有效教学的主要标准。学生的学习效果直接反映了教学是否有效以及有效程度大小的问题。学生的学习效果不仅表现在学生是否进步,是否获得了发展,还表现为其有效学习的程度如何,是否有欲望继续学习。

第二,教学"三维目标"的实现是判断学生进步与发展的基本标准,现代教学在素质教育理念的指导下提倡培养学生的综合素质,促进学生全面发展,因此教师要指导学生努力达到三维目标,获得全面、可持续的发展。

第三,教学是否符合规律、教学效率与效益是否良好、教学是否有魅力等,这些都直接影响学生是否能够获得进步与发展。教学目标的合理性、有效性、实现程度及如何实现等,这些都是有效教学理论所要考察的内容。教学是否达到了有效教学的标准,要从以下几个方面来判断。

①合规律:依据教学规律对教学方法进行科学选用,以促进学生进步与发展,提高教学效果。

②有魅力:师生在教学过程中体验到愉悦,教师乐于施教,学生乐于学习。

③有效率:教师合理安排与控制教学活动,使学生以较少的投入(时间、精力等)取得尽可能好的成绩。

④有效益:教学效果显著,且符合教学目标的要求,能够使社会和个人的教育需求得到满足。

现阶段,我国研究有效教学理论及其应用的学者有很多,有效教学理念在中小学新课改中受到高度重视,也有深刻的体现,且被广泛运用于教学实践中。随着课程改革的不断深入,教师要善于在该理论的指导下提高课堂教学效率和效果,促进教师与学生的共同进步与发展。

(三)人本主义理论

行为主义把人描述成"机器人",认为人是没有主观能动性的,在行为主义思想的影响下,传统教育不够尊重学习者的个性,也不够理解学习者。针对这个问题,诞生于 20 世纪 60 年代的人本主义理论提出了抗议,并予以谴责。人本主义理论看重人的主观能动性,提倡尊重人的个性,强调知识与情意的统一,强调在教学中对学习者的学习能力和创造能力进行培养。

人本主义理论认为,教育的最高目标就是实现个体发展,教育的价值在于自我发展,教育的目标在于自我实现。罗杰斯作为人本主义心理学流派的代表人物指出,"对知道怎样学习和能够适应变化的人进行培养"是教育的主要任务,教育要培养可靠的人、有教养的人,这样的人应该是懂得学习方法和有意识去主动寻找知识的人,应该是知道如何适应变化的人。

人本主义教育心理学流派指出,有很多因素都会影响教学效果,为了提高教学效果,应该在教学过程中主动走进学生的内心世界,对学生的真实需求有所了解;应该实施那些贴近学生生活的教学内容;应该引导学生积极探索与理解学习材料;应该重视建立民族和谐的师生关系。

人本主义学习理论认为,最持久与深刻的学习应该是学习者自我发起的学习,学习者在这样的学习中将自我情感与理智都投入在内,对自己的学习过程和结果负责,学习者学习的积极性、主动性很强。罗杰斯认为,学习者在自我发起的学习中从事意义学习,学习收获远远要大于被动学习的收获。

二、教学效果优化的原则

优化教学效果就是要综合调整影响教学过程和教学结果的各种因素,合理安排教学活动,以使最终的教学效果在已有条件下达到最佳。教学中的很多因素都会影响教学效果,这些因素会形成合力,决定最终教学效果的好坏,有关学者依据这一规律而提出了教学效果优化的概念。优化教学效果,就是使师生花费较少的必要时间,但要充分发挥自己的可能性,从而使教学效果在一定条件下达到最佳程度。优化教学效果要求教师从头到尾对整个教学活动进行全面综合的规划与控制，在教学中对各教学要素之间的复杂关系要有所了解，要将施教与学习有机结合起来，要使每个教学要素都尽可能以最好的状态呈现出来，使各要素的作用都充分发挥出来，从而使教学效果得到最大限度地提高。

优化教学效果，要贯彻以下几项基本原则。

（一）科学性原则

优化教学效果，要贯彻科学性原则，这里的科学性既包括实施具有真理性的教学内容，也包括选用正确的教学方法。遵循科学性原则要求做到以下几点。

第一，在实施教学内容的过程中，将客观的科学理论及事实介绍给学生，尽可能使学生对现代科学成就有更多的了解，并使学生对相关知识的发展前景有清晰的认知。

第二，教师在教学中融入各方面的积极因素，对学生的观察能力、分析能力、研究能力以及解决问题的能力进行培养，使学生在学习中对图书资料、文献等予以合理使用，使学生能够基于科学理论对自己的观点进行论证。

第三，学校从自身教学条件和教学需要出发对课程进行设置，提高课程建设的科学性。

（二）系统性原则

为了优化教学效果，要尽可能让学生系统掌握或者有条理地掌握各项知识与技能，这是贯彻系统性原则的基本要求，具体要做到以下几点。

第一，明确不同教学阶段的各项教学内容的内在逻辑关系，前面教学内容的实施要为后面教学内容的实施奠定基础，以利于学生更好地掌握新内容。

第二，教科书内容的安排本身具有系统性，教学大纲的制定也体现了系统性原则，其与学生的认知规律和学习特征基本相符,因此如果没有特殊情况,则要严格按照大纲和教材来实施教学,保证教学的有序进行。

第三,基于系统理论而整合知识,完善学科知识体系,使学生循序渐进地学习,养成良好的学习习惯。

(三)自觉积极原则

这里的自觉积极原则指的是学生学习的自觉性、积极性,同时包括学习的独立性。教学既包括教师施教,也包括学生学习,二者是一个整体,缺一不可,学生在学习中如果缺乏教师的系统施教与科学指导,也不会取得明显的学习效果。同时,如果学生学习不积极、不主动,那么即使教师教得再好,教学效果也不理想。要优化教学效果,既要优化教,也要优化学,尤其要鼓励学生自觉积极地学习,发挥学生的主体作用。具体来说,优化教学效果贯彻自觉积极原则要做到以下几点。

第一,学校从开设课程、实施课程到课程评价等,每个阶段都要对学生的主体性予以尊重。

第二,在教学过程中适当设置问题情境,让学生自由讨论,自己找出解决问题的方法,从而提高学生学习的积极性,培养其自主学习及合作学习能力。

第三,教师在课堂上提出一些错误观点,引导学生对此进行评判、剖析及论证,提高学生的思辨能力。

第四,教师给学生留出独立学习的空间,使学生能够对自己的学习活动进行合理安排。

(四)师生协同原则

教学效果的优化需要师生共同努力,因此不仅要强调教师主导作用的发挥,还要重视学生主体性和能动性的发挥,只有师生协同配合,共同努力,才能使教学过程更顺利,教学效果更理想。要在师生协调互动中实施教学过程,从根本上来说就是要将师生关系、教学关系处理好,使教师与学生在方向一致的前提下施教与学习,在各自活动的同时再积极配合对方,教与学的节奏协调统一,从而促进教学效果的优化。在通识课程教学过程中应充分体现学生是学习的主体,强调学生主体在教学中的积极作用。这是因为学生的学习只有作为一种自觉、能动的活动时,才能发挥出最好的效率,才能取得最优的教学效果。

（五）为教学创造必要条件的原则

这个原则中的教学条件主要指教学媒体,在教学过程中主要通过这个手段向学生揭示信息,而且只有建立在这一物质基础上,才有可能完成教学任务。我们所说的教学机器是狭义层面上的教学媒体,广义上的教学媒体包含的内容非常广泛,甚至在向讨论、试验、参观等方面拓展。巴班斯基认为,除了教学物质条件与教学过程直接相关外,道德心理条件、学校卫生条件也是不可忽视的。在教学效果的优化中贯彻这一原则,要求将这些条件都考虑在内,同时还要重视对新条件的创设,对提高教学效果有利的各种条件都是创设与完善的对象,如制度条件、人力资源条件等。这里需要强调一点,在信息教育时代,我们要善于将现代教育技术手段灵活运用到教学过程中,以提高课堂教学效率,提高学生学习的兴趣,最终达到优化教学效果的目的。

第二节　高中历史教学效果影响因素分析

新课程改革背景下,高中历史教学现状与"构建高效的历史课堂"这一目标相距甚远。受传统历史教学模式的影响,有很多因素都严重影响与制约着高中历史教学效果。因此有必要探讨影响历史教学的相关因素,从而对症下药,以便于在优化历史教学效果中能够有的放矢地采取有效措施。

广义上而言,教学资源、教学主体、教学内容、教学方法、教学评价等教学过程中的所有因素都会对高中历史教学效果的优化产生影响,下面具体分析这些影响因素。

一、教学主体因素

(一)历史教师缺乏专业兴趣

一些历史教师对自身专业的认可度不高,这是影响教学效果优化的主要内因之一。兴趣是最好的教师,不仅对于学生的学是这样,对于教师的教也是一样。一些教师对自己的专业认可度不清晰,并不是因为真正喜欢历史而选择历史专业并从事历史教学工作的,而是因为兴趣之外的原因走上了历史教师的岗位。如果历史教师本身对自己的专业缺乏兴趣,那么在这门课程的教学中必然很难做到认真和细致,更谈不上会去努力钻研。一位没有兴趣的教师面对浩如烟海的历史资料必然不会为之感到骄傲和自豪,也很难对这些史实进行深入钻研,从而提高自己的专业知识水平。一些历史教师表示自己并不喜欢历史也不想教历史,这暗含着教师的情绪。有一些教师是真正缺乏兴趣,他们把教书作为谋生手段,这是不容乐观的现实。

历史教师专业兴趣的缺失会导致其在教学设计上出现随意性,如在备课环节有形式化倾向,教学的预设和生成不能做到高度一致,教学媒体的选择过于简单。教师进行教学设计时,过多相信传统的赫尔巴特的五段教学法。现阶段的历史教材经过改革后,由原来按历史事件发生的时间顺序进行安排的形式转变成了"专题+模块"的形式,这对教学设计提出了更高的要求,而一些历史教师依然采用传统的教学设计方式,显然行不通,而且必然影响教学效果。

(二)学生的基础素质、兴趣爱好、学习方式存在差异

第一,学生的基础素质影响教学效果。学生受家庭环境、自身外在条件和内在智力的发展程度以及自身学习基础水平的影

响,因而学生群体在客观上存在差异。不同学生的身心素质发展水平不一致,在这样的情况下对学生进行教学必须做到因材施教,举一反三。老师既不能以学习基础最好的学生作为上课的标准,否则对学习基础差的学生不公平,同时也不能以学习基础薄弱的学生作为调控教学进度的标准,这样对学习基础好的学生来说无异于浪费时间。因此学生的基础素质水平差异必然成为影响教学效果优化的一个主要因素。

第二,学生的学习兴趣也会影响教学效果的优化。学生之间存在的个体差异决定了不是每个学生都对历史有浓厚的兴趣,对历史感兴趣的是往往只是部分学生。学生的学习兴趣会直接影响上课的积极性和参与性,进而影响学习成果。

第三,学生学习方式的不同也会影响教学效果,学生学习习惯的差异对教学效率有明显的影响。

二、课程资源要素

(一)教材使用不合理

对教科书缺乏深度分析探究以及教科书使用不合理是导致历史课堂教学效果不理想的一个主要原因。"唯教科书是论"与"弃教科书是论"是对待教科书的两种截然不同的态度。这两种态度都是比较极端的。"弃教科书论"是一种错误的态度,因为教科书发挥着指引学生学习历史的基础性作用。基础知识的传授与思维能力的培养是密不可分的。一位历史学者首先应该具备"史才""史学""史识"能力,缺少任何一方面都不能成为一名真正的历史学家。同样的道理,学生在学习历史的低级阶段,知识的积累很关键,如果学生连基本的历史事件、历史人物、历史时空都浑然不知,是不可能具备历史思维能力的。因此,"弃教科书论"是不可取的。而一些教师非常注重教科书,这种注重并不是体现在他们认真研究教科书,而是体现在一切都按照教科书来授课教学,就是"唯教科书是论",这显然也是有失偏颇的。一些教师缺乏主观分析和判断力,照本宣科,没有对教科书上的内容进行归纳整合,也缺乏教材开发的校本意识,这会对历史教学效果产生不良影响。

(二)校外课程资源利用不足

结合历史课程的丰富性、生动性和现实性特点,在历史教学过程中除了要利用好教材这一课程资源外,还要利用好校外课程资源,并对其进行整合。但面对高考压力,历史教师除了整合几个版本的历史教材外,很少主动开拓校外潜在的课程资源,校外课程资源利用率低也影响了教学效果。

三、教学内容因素

高中历史课程教学是建立在初中历史课程教学基础之上的,所学习内容也是对初中历史教学内容更进一步的延伸,不仅繁杂、知识点琐碎,而且部分教学内容与初中历史教学内容重复,这不但增加了学生的学习负担,而且容易导致学生产生疲劳感,对教学效果的提高也具有阻碍性影响。

受传统应试教育思维的影响,许多历史教师在教学中仅仅将众多的历史知识机械性地"套"在考试大纲中,并且将课本知识简单地分为重点和非重点,进而督促学生反复学习重点知识,不断强化记忆,以提高学生的考试成绩。然而,强迫学生反复学习同一知识点往往会造成适得其反的效果,如加深学生的厌学心理,极大地影响学生的学习效率。

四、教学方式因素

(一)依据教学目标选择适宜的教学方式

教学方式的选择与运用于教学效果、教学目标的达成度密切相关。教师应依据教学目标、教学内容、教学对象等教学要素选择适宜的教学方式。根据不同的教学目标选择不同的教学方式，识记为主的教学目标采用以讲授法为主的教学方式，以培养学生历史思维能力为主的教学目标采用对话教学为主的教学方式，培养学生团队协作解决问题为主的教学目标宜采用活动教学为主的教学方式。

（二）依据不同教学内容选择教学方式

1. 按照知识分类选择相应的教学方式

教学方式包括教法与学法，教师如何教，学生就如何学。知识类型的不同是决定教师如何教的重要因素之一，选择适宜的教法可以引导学生学习方式的转变，增强学生在学习过程中的主体性和参与性。历史教师应依据不同类型的知识，优化教学设计，帮助学生选择适宜学习方式，提高学习的有效性。

2. 充分利用多媒体展现历史史料

不同的教学内容选用不同的教学方式，便于教学内容更好地呈现给学生，便于学生接受、理解。随着信息化、智能化多媒体时代的到来，老师可以借助网络资料和多媒体手段向学生展示珍贵史料。3D、现实增强技术的使用可以让学生身临其境地感受历史的真实，相较传统的讲授法，多媒体技术的使用可以大大提高历史教学的效率。当然现实教学过程中，由于路径依赖效益也存在高中历史教师依然仅使用传统讲授法的现象，不管是什么样的教学内容，都主要采用讲授法进行教学。即使有的老师选择了多媒体教学手段，但是在制作多媒体课件的过程中存在不专业的问题，没有将网络资源充分利用起来，而且缺乏对网络资源的有效筛选和整理提炼，仅仅表面上做到了声画同步，实质上缺乏创新，这样的教学课件也很难发挥出更好的作用，可见教师的多媒体应用能力是教师专业素养的重要组成部分，对教学效果有重要影响。

五、教学评价因素

教学评价是影响教学效果优化的另一个主要因素。面对各种考试的压力,尤其是在高考的压力下,传统的学业评价(对知识掌握情况的评价)成为对学生进行终极评价的主要方式,教师忽略了从情感态度和价值观等角度对学生进行多元与全方位的评价。评价方式单一,未有机整合与运用多种考察方式,重结果评价而轻过程评价,而且评价主体单一,这些单一评价目标、单一评价方式、单一评价主体的传统教学评价方式,严重影响了高中历史教学在培养具有历史核心素养学生过程中的效果。

第三节　高中历史教学效果优化策略

一、激发与培养学生的历史学习兴趣

(一)掌握学生的学习动机特点

兴趣是学生主动学习与持续学习的动力,激发学生的学习动机有助于对其学习兴趣进行培养或促进其兴趣的巩固。学生主动参与学习活动的内部动因主要来源于学习动机,只有有了明确的动机,学生学习的意愿才会增强,在学习中也才会积极思考。培养与提高学生对历史学科的兴趣是优化历史教学效果的基础,而只有让学生先明确学习动机,并保持这种动机,才有可能形成兴趣。动机是内部动力,是内部力量源泉,能够支撑学生参与到历史学习活动中,切实影响学生学习的积极主动性,影响学习效果。

动机有近景性动机和远景性动机之分,和初中生相比,高中生的学习动机以远景性动机为主,他们希望通过学习历史知识,对过去、社会及生命有更全面和深刻的认识,并能对未来作出一些预测,这种心理动态体现了其学习动机的转变,即由近景性动机转变为远景性动机。高中历史教师要准确把握学生学习历史的动机及动机的变化情况,要对学生的内心学习需求有所了解,要善于利用不同学生的不同学习动机来推进历史教学进程。对于动机不强的学生,教师要善于创设有助于将学生学习动机激发出来的良好教学条件,多鼓励学生,使其在历史课上表现得积极主动一些,教师要使学生对历史课的意义与价值有正确的认识,从而激发其学习动机。为了长久维持学生的历史学习动机,为学生学习历史提供持续的动力源泉,教师要不断研究新的教学方法,设计丰富新颖的教学方式,定期评估教学效果,并做到及时反馈。

（二）激发学生的学习兴趣

历史学科具有很明显的客观性特征,很多知识都需要学生记忆。要让学生在学习中更轻松一些,记得更快一些,首要方法就是让学生对历史学科产生兴趣,产生好奇心。很多学生表示自己对历史知识有兴趣,但在历史课堂上他们的学习并不投入,甚至没有表现出积极的一面,看不出来他们对历史真的感兴趣,可见学生对历史的好奇心维持得时间并不长久,这可能与历史课堂本身缺乏趣味性有关,枯燥的历史课堂难以将学生的学习兴趣激发出来。针对这个问题,高中历史教师在课堂上要善于创设情境,采用情境教学法,吸引学生的注意力和好奇心,使其主动思考,积极参与,充分发挥主体性。

高中学生对历史教师的期待要比初中时期对教师的期待更高一些,主要就是希望历史教师的水平更高一些,这也是中学生在初中和高中两个阶段的心理变化,教师要抓住这个心理,主动提高自己的教学水平,满足学生的好奇与期待,这样更能将学生的学习兴趣调动起来。高中生的身心发展也具有一定的特征,这也需要历史教师准确把握,从而有针对性地展开符合学生身心特征、对学生身心发展有益的教学。历史教师尤其要关注高中生的心理变化,利用其好奇心建构历史故事,提高课堂教学的趣味性和学生的参与度。历史本身就令后人忍不住去想象和推测,如果历史教师能够在尊重历史本来面目的前提下将历史故事讲得绘声绘色、生动形象,以此代替晦涩难懂的历史事件,那么将大大提高学生学习的兴趣。此外,高中生身心达到了一定的成熟度,他们渐渐开始关注学习结果,教师要利用这一点对学生的学习兴趣进行培养,使学生对学习历史的目的、意义有所认识,并在准确认识与深入理解的基础上产生学习的兴趣和积极性,在教学中教师也要主动了解学生的内心世界与学习需求,做好沟通交流工作,这无疑有助于促进学生历史学习兴趣的强化。

总之,通过学习历史,应使学生对历史学科有一个基本正确的认识与理解,对历史的重要性,对历史在解释、推进、展望人类社会物质与精神文明发展方面的重要作用,对历史是一种先进的文化,有一个基本的认同和体会。从而对历史充满仰慕和敬重,充满向往和热爱,充满亲和力,最终从心底接受历史。①

（三）端正学生的学习态度

和初中阶段的学生相比,高中阶段的学生的观察力、注意力更加全面、敏锐,而且在学习方面也更加自觉主动。但因为学生的历史学习兴趣、动机直接影响其对于历史教学内容的感知能力,因此对历史学习缺乏兴趣或还没有明确学习动机的学生在历史课上表现出来的感知特征不是很明显,对此,为了增强历史教学的直观性,教师要善于选用有助于对学生的历史感知能力进行培养的有效教学方法,采取直观性的教学方法帮助学生了解历史现象,思考现象背后的本质,并在理解历史知识的基础上更好地记忆知识。

---

① 史桂荣.内地西藏班历史教学要注重教学与教养的融合[J].西藏教育,2013(1):58-59.

　　高中生的抽象思维能力也较之前有了提升,包括思维的独立性、创造性以及批判性都有不同程度的发展。因此在历史学习中,他们能够从偏于理性的视角思考历史现象和历史问题,对于探究性强的历史学习活动,他们表现出极大的兴趣,参与的积极性很高。针对高中生抽象思维的发展特征,历史教师要在教学中有意识地对学生的历史思维能力进行培养,多收集思维材料,使学生基于这些材料而积极思考,带着好奇心与探究心理去学习,同时也要避免学生形成思维定式。学生具备了一定的历史思维后,其在历史学习中的态度也会逐渐趋于稳定,稳定的学习态度有助于促进学生学习的持久性。

　　高中生不断趋于稳定的历史学习态度也是由他们在这一阶段的身心发展特征所决定的,学习态度的稳定也使学生有了更好的自我调节与控制能力。历史教师的教学水平、学校学习风气、班级氛围等都会影响学生的学习态度,对此,历史教师在培养学生学习兴趣的同时,还要注意带头营造浓郁的学习气氛,定期总结学生的历史学习情况,及时调整学生的学习态度,解决学生的学习问题,提高学生的学习效率,优化历史教学效果。

(四)鼓励学生质疑与"找茬"

　　受传统"师道尊严"观念的影响与书本权威的影响,再加上缺乏积极的课堂环境和激励赞扬机制,久而久之,学生缺乏质疑解惑的内在驱动力,越来越"乖"。要让学生敢于"找茬",敢于质疑、批判、反思,首先要积极鼓励学生打破书本迷信,打破教师权威,提倡多元理解。当然"找茬"绝不是简单的质疑、否定一切,它是建立在学生形成基本独立认知结构的基础之上,对可疑之处进行理性的、深度的思考过程,其结果是多样的,可能是通过对信息的批判性审视,更深刻地认识、理解该问题;抑或是通过批判性思维,在顺应或重构认知结构过程中合理扬弃并有所创新。

二、提高历史教师的专业素养

（一）提升知识素养

历史课堂教学效果在很大程度上是由历史教师的专业素养所决定的，有效的历史课堂必然是由有效的历史教师铸就而成的。学生对历史课的兴趣一定程度上也取决于历史教师本身，历史教师知识渊博，讲课风趣，与学生关系融洽，则会成为学生喜欢上历史课的重要原因。所以说，培养与提升历史教师的知识素养至关重要，这需要历史教师发挥主观能动性，自觉充实自己的知识库，优化自己的知识结构，除了继续对历史学科知识进行钻研之外，还要对其他相关学科知识予以关注和学习。

与历史密切联系的学科有地理、政治、经济及其他文化学科，高中生求知欲很强，如果历史教师只会讲课本上的历史知识，无法与其他相关学科知识联系起来，那么很难在课堂上吸引学生的注意力，调动学生的学习兴趣，也无法使学生的学习欲望得到满足。因此，历史教师要自觉积极地拓展自己的知识体系，增加大脑中的知识储备，以便于在历史教学中能够做到旁征博引，从而使学生产生学习的兴趣，使学生对历史学习的价值有更深刻的领域。历史教师知识渊博，更容易得到学生的认可，受到学生的尊重，赢得学生的信任，使学生将其树立为榜样，并使学生学习热情高涨。

（二）深刻把握理解教材

历史教师对教材的把握是否深刻，主要看其能否看懂、看穿及看透教材，能否将教材的精髓挖掘出来。历史教师只有对教科书进行深入的钻研，才能在历史课上将整个课堂节奏把控好，才能对学生的兴趣走向有准确的把握。如果历史教师对教材缺乏准确的定位，或者完全照搬教材内容，则必然会引起学生的不适，使学生厌学。所以历史教师不仅要做好定位,还要深刻钻研教材,深入挖掘教材的精髓,以自己充满智慧与艺术的头脑上好历史课,生动形象地给学生描述历史人物,讲述精彩的历史事件,激发学生的求知欲和好奇心,使学生集中注意力听讲,提高学习效率。此外,历史教师要善于向学生表达自己对教材的独到见解,要将自己具有独创性的思维呈现出来,从而更好地培养学生的学习兴趣与历史思维,吸引学生的注意力,使学生深刻记忆课堂上所教的内容。

(三)提高教学机智水平

教师的教学机智主要体现在其能够在课堂上随机应变。历史教师往往能够比较细致地设计教学内容,却很难周密地安排教学过程。历史教师在课堂上经常会遇到"非预期性"的教学问题,如果处理不好这些问题,就会使课堂氛围变得尴尬,教学机智水平高的教师往往能够避免这种尴尬场面的出现。面对非预期性问题或者说意料之外的偶发事件,富有智慧和教学机智水平较高的教师往往能够发挥自己的临场应变能力,妥善处理好问题和意外情况,这是历史教师综合素质的一个重要体现。

历史教师拥有临场应变能力,有助于对教师与学生的矛盾、教学与学习的矛盾进行艺术化的处理,这一能力也是必不可少的教学技巧。在历史教学中,教师的教学机智不仅体现在有效的课堂纪律管理上,还体现在合理解释学生提出的敏感历史问题上,体现在正确处理师生之间的矛盾或学生之间的矛盾上。有些学生喜欢历史,历史成绩也比较优异,他们在课堂上提出的问题有时比较敏感,甚至是刁钻;有些学生本身对历史缺乏兴趣,但因为性格调皮,所以会问一些意料之外的问题,面对不同学生提出的问题,具备教学机智的历史教师往往能够从容应对,如面对第一类学生,主要是避其锋芒、以智取胜,对于第二类学生,主要是转化角度巧妙解决问题。可见教学机智水平高的历史教师往往能够运用好教学技巧,而且他们在教学中不断探索新的教学技艺,追求精益求精,因而有自己的一套教学风格来应对课堂上的各种事件。机智的历史老师往往追求理想的教学效果,而且也能培养出有智慧的学生。

(四)优化历史教学评价

对历史教学评价的优化具体要做到以下几点。

第一,传统的历史教学评价存在单一的缺陷,具体表现为评价主体单一、评价方法单一以及评价角度单一。针对评价的单一性问题,要有针对性地进行教学评价的改革与优化,让更多的主体参与到教学评价中,如除了师生评价外,发挥家长、学校领导、历史教育机构负责人等主体在评价中的主观能动性。此外,拓展评价角度,从新的视角进行全方位的评价,最后也要将多种不同的评价方式整合起来加以运用。

第二,在历史教学评价中,对评价方式的合理选用非常关键,在选用中要考虑诸多因素,如评价目标、评价对象、评价条件以及评价主体的专业素质等。例如,教师为了了解学生对历史教材上某一模块基础内容的掌握情况,可以在课堂上组织一次小测验,或者让学生自己对知识线索进行梳理,这样既能了解学生掌握得如何,获得关于课堂教学效果的反馈信息,又能对学生的归纳概括能力进行培养。历史教师还可以在课堂上通过开展一些灵活性较强的活动来评价学生的表现,如针对某一历史情节设计历史情景剧、采访活动,教师观察学生在这些活动中的表现,然后给出客观的评价。当然,我们主张评价方式的创新,并不意味着否定传统评价方式,传统评价方式固然有其可取之处,但长期以来不管是评价什么,都一直使用一种方式进行评价,必然不妥,很少有一种评价方式是适用于所有教学评价中的,一直使用一种评价方式可能无法切中要害,不痛不痒的评价没有意义。另外,在评价中要引导学生尝试进行自我评价,学生既是评价主体,也是评价对象,自我评价有助于使学生客观认识自己,对自身的优点和不足有更全面的了解,从而发扬优势,改正缺点,不断完善自我,满足自我发展需求。

第三,教学评价具有发展功能,在历史教学评价中要实现这一功能,要通过评价促进学生发展,就要将过程性评价充分重视起来,教师采用这一评价方式能够了解学生的动态变化,了解学生在不同学习阶段处于一个什么样的学习状态,可以全面考察学生各维度目标的达成情况,并对学生更多的潜能进行挖掘,从而为接下来的教学安排提供依据。

三、优化教学设计

(一)教学目标设计紧扣核心素养

历史教师首先要全面理解历史学科核心素养的内涵及其具体表现,认识核心素养唯物史观、时空观念、史料实证、历史解释和家国情怀这五个方面是一个相互联系的整体。唯物史观是诸素养的灵魂和得以达成的理论保证;时空观念是诸素养中学科本质的体现;史料实证是诸素养得以达成的必要途径;历史解释是诸素养中对历史思维与表达能力的要求;家国情怀则体现了诸素养中价值追求的目标。其次,在设计教学目标时既要注重对某一核心素养的培养,又要注重对学生核心素养的综合培养,并以学业质量标准作为衡量学习效果的重要标准。最后,在高中阶段历史教学中坚持双基、三维目标、核心素养"一以贯之"的方针,将"以人为本"的育人理念落实到历史教学的每个角落,通过诸素养的培育,达到立德树人的要求。因此,高中历史课程教学目标的优化设计具体要做到以下两点。

1. 依托于"掌握历史基础知识"而设计教学目标

高中历史课程核心素养的五个面是一个有机的、不可分割的整体,不可以违背新课改精神而将这个整体割裂开来。但要实现培养学生的历史学科核心素养,首先还是要掌握历史基础知识,历史知识、规律是学生分析评价过往历史事件的前置条件,是培训学生历史思维能力的源泉。因此,历史基础知识是高中历史课上的主要教学内容之一,这些知识能够提升学生分析、归纳、概括、解决问题的能力,为今后进行更广泛而深入的历史学习奠定基础。例如,为《罗斯福新政》这一课设计教学目标,应该将目标重点放在三个方面,一是了解罗斯福新政背景,二是熟识罗斯福新政内容,三是理解罗斯福新政产生的影响。学生只有在了解罗斯福新政的背景,并熟识罗斯福新政的主要内容的基础上,才能展开交流、讨论、合作、探究,积极思考、深刻理解罗斯福新政对生产关系、经济模式和经济制度等方面产生的深远影响。在此学习过程中学生的核心素养得到培养和发展,这样目标的优化设计符合新课改所提倡的理念和要求。

2. 基于对学生学习方式的关注设计教学目标

在历史教学目标的优化设计中要强调过程与方法这一维度的目标,使学生对有效的学习方法加以掌握。随着时代的变迁,现代教育教学中让学生学会学习比让学生学会知识更重要。所以在高中历史教学中必须让学生学会学习,学生只有掌握了学习的方法,才会进行自主探究学习,才能与同学合作学习,学生在自主探究学习中能够积累更丰富的历史知识,并获得对历史的深刻感知与理解,与此同时,其历史思维也会逐渐形成与不断强化。

(二)教学内容设计体现新课改要求

1. 高中历史课程结构、内容的新变化

高中历史新课程分设必修课程、选择性必修课程、选修课程,内容编排不同于"专题＋模块"模式,而是采用通史与专题史相结合的方式。课程结构和内容的新变化,给一线教师提出了新的挑战,准备把握历史课程改革的指导思想和出发点,是用好教材,促进学生历史学科核心素养发展的关键。结合历史课程专家的学

术观点和基层教学的实践经验,阐述高中历史课程内容的编排逻辑,并提出优化教学内容设计的要点。必修课程是全体高中学生必须参加学习,并需通过考试的课程,如《中外历史纲要》模块,课程内容分为中国古代史、中国近现代史和世界史三个部分,每个部分的内容均在历史时序的框架下由若干学习专题构成。通过中外历史上的重要事件、人物和现象,展现人类社会从古至今、从分散到整体、从低级到高级的发展历程,使学生进一步了解和认识人类历史演变的基本脉络以及丰富多样的历史文化遗产。

选择性必修课程是学生根据个人兴趣、升学需求而选择学习的课程,这类似于高考选择文科的考生,需要学习掌握的课程内容,该课程分设《国家制度与社会治理》《经济与社会生活》《文化交流与传播》三个模块。各模块由不同的学习专题构成,各专题下的具体内容主要以时空进程为编排的内在逻辑,凸显历史时空发展规律,呈现中外历史相同专题的重要内容,引导学生跨时空从政治、经济与社会生活、文化等不同视角深入认识、理解历史。

选修课程是面向全体学生自主选择修学的课程,包括在必修和选择性必修课程基础上设置的发展性、整合性课程。2017版《课程标准》中的《史学入门》和《史料研读》两门选修课程,是学校实施选修课程时的参考,可以选用、改编或新编。该课程旨在引导学生将史学的基本理论、知识与技能,运用到实际的探究活动中,在此过程中增强学生深入学习历史的兴趣、能力与素养。

现阶段,高中历史教学内容在教材中的主要呈现形式是"专题+模块",每个专题和模块相对独立,自成体系,同时不同专题之间、模块之间以及专题与模块之间又存在着一定的联系。和传统教材中以时间先后顺序编排教材内容的方式相比,"专题+模块"的编排形式容易给人一种散乱和缺乏逻辑的感觉,所以在设计教学内容时要注意优化整合不同模块及专题的内容,以提高教学内容的实施效率。

2. 历史教学内容的优化设计

(1)导入新课设计

导入新课的方式常见的有以下几种。

①开门见山直接导入。

②通过观看图片、视频录像等方式直观导入。

③设疑导入,激发学生的好奇心。

④回顾上节课的内容,温故知新,导入新课。

(2)新课教学的设计

这一方面的设计要注意以下几点。

①做好对各模块和专题内容的整合,对教材的结构加以优化。

②结合教学目标创设能够激发学生学习兴趣的问题情境。

③新课设计要有助于对学生的探究能力进行培养。

(3)传统课程内容的丰富

历史是人类社会起源和不断发展的呈现,是人类文明不断进步的见证,是科、教、文、卫等各个领域不断创新的记录。因此,历史课应是高中阶段最生动有趣的课程,然而,在各种因素的影响下,我国高中历史教学中存在机械性教学的问题,教师很少深入探究教材,久而久之,学生的学习兴趣便会减弱。为了有效改善这种情况,高中历史教师应不断应用多种教学方法和手段有效地丰富课堂教学内容,激发学生的学习兴趣,提高学生的自主学习能力,提升历史课堂的趣味性。同时,历史教师还应该不断拓展教学内容,将课外知识有效融入到历史课中,以便于学生将所学知识有效串联起来,加深学生对重难点历史知识的理解和记忆,使历史课堂变得更加生动。例如,在"王安石变法"这一内容的教学中,教师可以由简到繁地阐述变法的背景和原因、变法的影响以及变法对历史发展的作用等知识点,帮助学生将相关知识点组合起来,提高学生的理解能力和记忆能力,提高历史课堂教学效率。

（三）教、学方法设计指向实现核心素养

历史学科核心素养是历史学科和教育的有机融合。从三维目标走向核心素养，是历史学科教育高度、深度和内涵的提升，是高中历史学科教育对人的真正的回归。同时，历史知识本身并没有问题，当下的传授知识者所秉持的知识观和面对的应试压力，使得知识的呈现方式成为一种死板的知识，而非"活"的知识，忽视了知识的建构过程，以及知识系统的发展性和开放性。如何激发学习者对知识的好奇心和兴趣，是高中历史教师应该思考的问题。学科核心素养意味着学科教育模式和学习方式的根本变革。

1. 知识类型与教学方式的契合

根据广义知识分类理论，我们可以把历史知识分为三类：陈述性知识、程序性知识和策略性知识。

（1）历史陈述性知识与教学方式的选择运用

历史陈述性知识即历史事实性知识，指关于"是什么"的知识，是对历史事实具体、如实的描述，属于感性知识的层面，它对学生的能力要求主要是记忆，主要包括重要的历史事件、历史人物、历史现象等。

历史陈述性知识的学习方式选择，重点是如何帮助学生获得并掌握这些知识。在传统的历史学习方式选择和运用过程中，对这类知识的学习过分强调了学生死记硬背，只做粗略、原则、机械的命题解释，目的只是给一个标准的答案。严重忽视了学生对历史陈述性知识中符号和词语意义的获取，也使学生形成了一种错误的认识，即历史知识掌握的好坏，关键是看记忆力和死记硬背的功夫是否过硬。列宁曾说："我们不需要死记硬背，但是我们需要用基本事实的知识来发展和增进每个学习者的思考力。"我们反对死记硬背，但并不反对建立在知识理解和认知结构形成基础上的知识记忆。

(2)历史程序性知识与教学方式的选择运用

历史程序性知识即历史概念性知识,指关于"为什么""怎么样"的知识。这类知识是在认识历史事件、历史现象发生发展规律的过程中形成的,它对应的是学生的"智慧技能","智慧技能是通过练习而形成的完成一定的智力活动的能力"。主要包括历史概念和历史原理等。

历史程序性知识是在理解诸如历史事实等陈述性知识的基础上,经过对历史事件和现象的分析判断或将历史技能通过实际操作,逐渐形成的一种能够熟练掌握并能精确运用的智慧技能或处事策略。在历史课程的学习过程中,关键就是帮助学生如何将历史陈述性知识转化成历史程序性知识,也就是如何将贮存于大脑中的概念、规律转化为应用技能,由贮存知识向应用知识转化,从而实现知识的迁移。如知道"生产力决定生产关系""历史事件的发生是政治、经济、思想文化等共同作用的结果"之类的原理或能陈述这些原理则仍然停留在陈述性知识的学习层面,而要将它们转化为程序性知识,就必须能应用这些原理去分析和解决问题。如果学生能够运用这些原理分析不同历史现象、历史事件产生的原因、带来的影响等问题。同时能够活用它们,我们就认为学生顺利地实现了这一转化。

(3)历史策略性知识与教学方式的选择运用

历史策略性知识即历史方法性知识,指关于"怎么做"的知识,它也是一种程序性知识,其核心是历史思维方法。主要包括处理历史资料的方法,分析和综合、比较、归纳和演绎等分析历史问题的方法,历史学习和表述的方法,运用历史唯物主义的基本观点观察问题和分析问题的思维方法。

历史策略性知识也是程序性知识。但与一般程序性知识不同,它所处理的对象是个人自身的认知活动的知识,是一种内在的思维活动。现代教学心理学强调教学除应让学生有效获得陈述性知识和程序性知识,除促进陈述性知识向程序性知识转化外,更应重视教会学生获得和应用策略性知识,使之学会高效学习、高效解决问题的方法和技巧。因此,历史策略性知识的学习,是实现在历史课堂教学中培养学生学习方法与能力的必要途径。

教学案例:学习"历史图表题的阅读与解答"学习片段:

教师归纳阐释解析式题型解题方法:即根据题目所提供的图片或图表进行分析处理,这反映了高考对学生初步研究历史能力的考察。这种完整的分析,可以构成一个三步曲:是什么、为什么、怎么样。

课件展示 2008 年高考广东单科历史卷第 26 题,然后由 1、2、3、4 组同学分组分别讨论(1)、(2)、(3)、(4)问题。学生讨论后回答。学生回答后教师及时点评,并指出"是什么"这一步的答题可有两个层次:一是从图表中获得的最直观的表面信息,即"反映了……";二是要挖掘深层次的信息,即"说明了……"。在进行"为什么"这一分析时,用联系的观点看问题,即注意图与图之间的联系;注意图与教材之间的联系,寻找题目与教材知识的结合点,从而实现教材知识的迁移运用。"怎么样"是先于图表反映的历史现象所产生的影响,一般需要根据材料并结合所学知识进行分析解答。

这样分组讨论,有利于生生互动,让学生在探究中自主学习、合作学习。通过分析讨论,培养学生合作学习的能力以及历史思维和解决问题的方法与能力。同时把课堂的主角地位让给学生,凸显学生是课堂中的真正主体,此外,学生感觉学得也比较轻松。随后教师进行变式练习,帮助学生巩固相关解题的策略(方法)。前后采用难度不同试题进行练习,符合由易到难的认知规律,有利于学生在自主学习中积极性的调动,有利于学生更好地掌握方法与技能。

本片段的学习方式充分体现了历史策略性知识学习的特点与规律,即首先要学会概念和规则的陈述性形式,再通过练习使概念和规则发生转化。教师对每一概念的学习都提供了与其相应的情境,使练习的条件富有变换性。变式练习正是策略性知识由陈述性知识的概念和规则形式转化成产生式系统的操作步骤所需要的方法。在学习方式的选择和运用时,让学生在掌握历史学习的基本方法与能力的过程中,主动参与,学会同他人,尤其是与具有不同见解的人合作学习和交流,培养历史思维方法,提高历史思维能力。

根据知识分类理论进行历史学习方式的选择,就是要努力促使新知识与学习者认知结构中的原有知识建立联系,达到理解与应用的水平,提高历史学习的效果。知识类型仅仅是影响学习方式选择的因素之一,我们在选择学习方式时,还要考虑学习目标、学习条件、学生个性差异以及不同学习方式的特定功能,以便更好地促进学生综合能力的发展。①

2. 在"找茬"中激发学习兴趣,培养历史思维能力

经过教学实践总结,"找茬"的教学理念是回答如何激发学习者对知识的好奇心和兴趣有效策略之一,同时还能养成学生独立思考、质疑探究的历史思维能力。

(1)让学生敢"找茬"

敢于"找茬"是实现该教学理念的前提与基础。随着学生的年龄增长,高中历史课堂上学生越来越"乖",教师怎么说,他(她)就怎么做,习惯沿着教师的教学思路,成为接受者、倾听者。教师问学生答,成了课堂教学的固定模式。究其原因,主要是传统"师道尊严"观念的影响与书本权威的影响,再加上缺乏积极的课堂环境和激励赞扬机制,久而久之,学生缺乏质疑解惑的内在驱动力,越来越"乖"。要让学生敢于"找茬",敢于质疑、批判、反思,首先要积极鼓励学生打破书本迷信,打破教师权威,提倡多元理解。

案例:学习人教版必修1《辛亥革命》时,笔者在教学课件中依然用的是"袁世凯'窃取'革命果实",在讲授时语言表达也是"窃取"二字。直到放学前,一位同学到笔者办公室里跟笔者说,老师

---

① 史桂荣. 中学历史科知识分类与学习方式的选择[J]. 新课程研究,2012(11):130-132.

这里用"窃取"说法恰当吗？并说出了自己的观点。在我们共同探究的基础上,认识到"袁世凯'窃取'革命果实"这一结论过于简单,"窃取"确实不太恰当。之后,笔者跟他说,你的问题真好,怎么上课时没有指出老师的问题呢?让笔者意外的是,这位学生说他"不敢",怕同学们笑他"找茬"。然而,我们在教学中,需要的正是这种"找茬"。下一节课,笔者对该同学的行为进行积极肯定和表扬,并鼓励其他同学一起共同"找茬",这让学生很兴奋,跟老师"找茬"竟然得到认可与表扬,老师还进一步鼓励学生"找茬"。通过鼓励激发学生的批判意识和探究精神,尊重学生在历史学习中的主体地位,师生平等互动。

(2)让学生学会"找茬"

学会"找茬"的关键是理性"找茬"。"找茬"绝不是简单的质疑、否定一切,它是建立在学生形成基本独立认知结构的基础之上,对可疑之处进行理性的、深度的思考过程,其结果是多样的,可能是通过对信息的批判性审视,更深刻地认识、理解该问题;抑或是通过批判性思维,在顺应或重构认知结构过程中合理扬弃并有所创新。我们可以找历史教材的"茬",找历史教师教学的"茬",找同伴历史学习的"茬",找历史解题思路的"茬",逐步深入。这种方式主要是让学生不唯书、不唯上、不迷信权威、大胆质疑,加深对知识内容的理解,调动已学历史知识、规律对问题进行深入思考,促使学生去查阅资料,或者从生活当中找出证据,然后对这些证据进行分析和整理,解答所发现的"茬",在培养学生的历史探索能力和创新思维能力过程中,发展学生史料实证、历史解释等历史学科核心素养。

(3)让学生恒于"找茬"

通过"找茬"养成学生独立思考、批判性思维和创新能力非一日之功,一蹴而就之事。贵在引导学生将"找茬"成为一种学习习惯,而习惯的养成必须依靠常态的训练和培养。让学生在历史学习中"找茬",是学生自主学习的一种行为表现,它建立在学生内在学习动机基础之上,并在此基础上坚持不懈。教师作为学生自主学习的引导者、促进者,在教学实践中,可以从学生的实际情况出发,结合教学资源,积极创设条件与机会,引导学生主动进行质疑、批判、探究和反思。

敢"找茬"、会"找茬"、恒于"找茬",是历史教学中培养学生独立思考、主动学习的实践探索与经验总结。它是学生历史学习活动逐渐发展、不断成熟的过程,是由被动走向主动的过程,有其特有的发展价值,如发展学生的历史思维能力、自主探究能力、质疑和批判精神等。这些正是我国现行的教学改革所倡导的理念之一,正如《基础教育改革纲要(试行)》所指出的"强调形成积极主动的学习态度""使获得基础知识与基本技能的过程同时成为学会学习的过程""倡导学生主动参与,乐于探究""教师引导学生质疑、调查、探究"。在历史教学中的"找茬"理念所特有的价值符合、顺应当前课程教学改革趋势,后续教学实践中将继续发展、丰富"找茬"的教学理念与实践操作方案。[①]

(四)优化课堂作业设计

作为课堂教学延伸的一个主要环节,作业的设计也是非常重要的,设计课堂作业的基本要求是要有助于促进学生对所学知识的巩固与深化,有助于对学生的探究意识进行培养,有助于促进学生历史思维能力和实践能力的提升。设计作业要摆脱传统单一的模式,不能过分依赖教材,要从以下几点着手优化。

1. 迁移性问题设计

历史教师要结合学生的实际学习情况设计有助于实现知识迁移的问题,如让学生观察历史图片,设计诸如"图片中反映了什么信息、两幅图片有什么不同、用历史事实说明产生了哪些影响"等问题。

---

① 史桂荣. 让"找茬"成为历史学习的一种方式[J]. 中小学教学研究,2016(3):55-57.

2. 开放性问题设计

为培养学生的发散性思维,增强学生思维的创造性,可在历史课堂上结合社会政治生活背景设计相关问题。

3. 研究性问题设计

按照学生的历史基础与学习能力对其进行分组,为每组学生设计不同的问题,引导各小组成员共同探讨、研究,发挥各小组学生的优势,帮助其巩固课堂学习效果,及时评价各小组共同探讨出的答案,多对其进行鼓励。

(五)优化教学技术设计

信息技术与学科的整合为历史教学提供了更广阔的空间,简约历史教学并不拒绝电脑等多媒体的介入,但使用任何媒体都应该从直观、实用和实效出发。例如,《美术的辉煌》一课图片很多,而且需要图片简介。教师课前将浪漫主义、现实主义、印象画派和现代主义美术相关作品的简介录音,让学生通过听觉、视觉的冲击,体验和感悟历史。最后运用网络和电脑,培养学生检索资料、概括资料的能力,促使学生学会与他人交流、合作学习,让课堂在灵动中得到升华。[1]

(六)注重历史教学创新

在创新思维的理论指导下实施创新性的历史教学,首先要改变传统的课堂教学观念,从培养学生的创新精神入手,以提高学生的创新能力为核心,带动学生整体素质的自主构建和协调发展。[2] 历史课堂是进行创新教育的主要阵地,是对学生进行爱国主义教育的摇篮,是学生研究历史文化的基本途径,历史教师要

---

[1]　史桂荣."简约"彰显课堂生命活力——以内地西藏班《美术的辉煌》观摩课为例[J].西藏教育,2013(5):27.

[2]　孙永杰.巧用创新思维提升历史课堂创新教学效果摭探[J].成才之路,2019(33):98-99.

创造性地组织课堂教学,具体要做到以下几点。

第一,在历史课堂教学活动中激发学生的探索精神,设计情境问题,培养学生自主探索的习惯。

第二,教师应根据教材设计中的课题分析引导学生动态研究,深入探讨。

第三,教师应根据各学段特征,结合学生的认知水平,让学生养成综合分析历史事件的习惯。

第四,教师应结合历史事实,给学生提出各种创造性问题,让学生分析问题,得出结论,引导学生分析结论的合理性、科学性、可预测性,进行合理性评价。

第五,教师应逐步培养学生独立、独特的创造性思维,以塑造学生的良好品质为出发点,全面贯彻个性化教学原则。

四、有效整合教学资源

(一)整合教材内容

在历史教学中,学生很难把握包罗万象的历史知识,而且很多知识点都比较零散,学生对不同知识点的内在联系缺乏系统的认识与正确的理解,所以他们大脑中构建的历史知识网也不成体系,各部分相对处于零散状态,这直接影响了他们学习的兴趣,也影响了课堂教学效果。这就需要在历史教学中高效利用教材,充分整合教材内容,实现有效教学。

教师处理教科书,组织实施教科书的内容,要坚持几项基本原则,如生动性原则、多样性原则、对学生自主和探究学习有利原则等。教科书是非常重要的教学材料,是教师上课的主要工具,教师能否有效整合这些材料,利用好这一工具,直接影响教学效果。

高中历史教师整合教材内容应注意以下几点。

第一,在了解时代背景和时代要求的基础上整合教材内容,尽可能适应相关要求。

第二，辩证看待教材，将教材内容问题化，不要以照本宣科的方式将所有内容全盘托出，要善于用提出问题的方式引导学生探究，使其在探究性学习中理解和掌握教材内容，这有助于对学生分析与解决问题的能力进行培养。

第三，注重对乡土教材内容资源的开发，这有助于进一步激发学生学习的兴趣。

第四，将相关知识前后串联起来，把握内在联系，优化教材知识结构，这有助于使学生对教材内容进行系统的把握，也有助于实现知识的迁移。

（二）充分利用多媒体教学资源

在信息化教育背景下，多媒体教学资源在高中教学中得到了广泛的运用，在历史教学中应用多媒体教学资源，有助于以更生动形象的方式给学生呈现教学内容，有利于提高学生的学习兴趣和热情。将多媒体教学资源融入历史教学中，也为教师采用情境教学方法提供了方便，促进了课堂教学形式的拓展，突破了传统教学的局限。将多媒体教学手段运用于高中历史课堂上也是为了满足高中生的心理需求，主要是满足其好奇心，多媒体教学资源的运用使历史课更有感染力，使教师的教学显得更有表现力，这样更能吸引学生的注意力，有助于提高课堂教学效果。

（三）有效整合相关学科资源

历史学科与其他一些学科之间存在着密切的联系，正确把握它们之间的关系，并基于这些关系而有效整合与利用相关学科资源，有助于优化与提高历史教学效果。下面简要分析与历史学科密切关联的学科资源。

第一，"文史不分家"，语文学科与历史学科关系密切，高中语文教材为历史教学提供了很多鲜活的素材，如语文课本中的诸之百家与历史专题中的百家争鸣是可以互通的。

第二，高中政治也和历史教学密切相关，政治制度的演变是历史的必然过程,学生在政治课程的学习中能直观系统地掌握历史政治体制的演变过程,这样就能为学生学习历史做铺垫。

第三,"史地"是一体的,学生学习历史离不开对地理知识的掌握。学生有了地域分别的概念,才能在头脑中形成直观的历史图像。借助地理可以形成科学的历史空间的概念,这有助于强化学生对历史知识的理解。地理环境的变迁推动历史文明的演进。

(四)灵活机智利用课堂教学中的突发意外资源

历史课堂教学是一个动态的、开放的、不断生成的过程,是向未知方向挺进的旅程,随时都有可能出现意外的通道和美丽的风景。由于主观原因或客观原因,历史教师会在课堂中面对各种类型的意外,并根据历史教学目标的需要,变历史教学意外为历史教学资源。具体操作策略如下。

1. 把握意外,拓展历史课程资源

新课程理念下的历史教学不能拘泥于预设的教案,生成性教学既关注历史课堂教学过程也关注历史课堂教学结果,在历史教师的精心组织下,学生困惑的问题、暴露的错误、创新的思路甚至课堂偶发事件等,都能转化为丰富多彩的历史动态教学资源。历史课堂上我们应该敏于捕捉学生学习过程中的意外,善于发现意外背后蕴藏的教育价值,给学生思考的空间、表达的机会。即使学生真的错了,也不能责备学生。只要我们从容面对,巧妙地改变历史教学的内容和方式,就会有峰回路转、柳暗花明的效果。历史课堂教学过程中,学生"插嘴"是我们经常遇到的意外,但是学生的"插嘴"往往反映出他们的疑惑与需要。例如,在学习人教版必修1《开创外交新局面》一课时,有学生看到"周恩来和尼克松在机场握手的照片"时喊道:怎么不铺块红地毯啊?正常的国家领导人会见时不都有红地毯的吗?其他学生也跟着困惑起来。这时笔者把握好这一教学意外,以赏识的态度,顺应学生的需要,

引导学生共同讨论和学习,让学生成为学习主体,让课堂焕发出生命活力。

2. 处理意外,生成历史教学资源

历史课堂是鲜活的、动态的,是师生共同成长的生命历程。然而,鲜活的历史课堂必定会给历史教师带来前所未有的挑战,即不可避免地遭遇一次又一次的意外。如何处理这些突如其来的意外? 这需要历史教师有沉着冷静的心理和从容应变的机智。历史课堂在教师引导、同学合作探究、情境熏陶等外界刺激下,学生能保持一定时间的高质量的学习情绪。但由于个体差异,也可能会出现个别学生说话、做小动作、精力分散等情况,甚至有个别学生还会做其他学科的作业。此时,历史教师要泰然处之,不必大动干戈,一个期待的眼神、一句关心的话语、一个温柔的拍肩或许就能立竿见影,扭转局面。当然,有时历史教师在自己的教学中难免会出现一些失误,被学生“抓住”。历史教师如果能对自己的失误敏捷、巧妙地处理,化被动为主动,顺水推舟,巧妙迁移,把问题转给学生,就会收到意想不到的效果。例如,在学习必修 2《从“战时共产主义”到“斯大林模式”》中的“战时共产主义政策”时,笔者将“苏俄”表述成了“苏联”,有学生立即站起来指出,“这一时期不能表述成苏联”。笔者立即就此问题,向学生提问:“从何时开始才能称为‘苏联’?”在师生的互动中,这一教学意外被巧妙地处理了,学生都注意到了这一历史知识的细节,从而收到意料之外的惊喜。

3. 利用意外,开发历史教学资源

新课程的历史课堂教学,随着学生主体性、自主性的增强,学生质疑、反驳、争论的机会大大增多,因此学生难免在历史学习中产生意外或错误。这些意外或错误其实是一种来源于学生本身的具有特殊教育作用的历史学习材料。历史教师可以透过生动、具体的历史课堂教学情境来认识、判断和捕捉这类意外,从而加以合理开发和利用,这对激发学生的学习兴趣、唤起学生的求知欲、促进历史课堂教学生成具有特殊的作用。例如,在人教版选修1《商鞅变法》一课的教学过程中,有一名学生皱着眉头、一脸困惑地看着笔者,这时笔者让他将自己的困惑表达出来:"商鞅到底是一个不惜牺牲自己实现个人理想的人,还是一个为秦国繁荣富强甘于奉献的人?"针对这一问题,笔者将商鞅个人的价值追求和秦孝公当时的需求结合在一起进行分析与解读,使学生对商鞅变法的时代背景和变法目的了解得更清晰。在历史课堂教学中,历史教师充分运用学生的新想法、新问题、新思维,不但可以拓展历史课程资源研究的内容,促进历史课程资源理论研究与历史教学实践的结合,也有助于对历史课堂教学的推进,犹如枯木上发出的新枝,让人充满希望,充满激情,给历史课堂带来勃勃生机,带来更多的精彩。

4. 巧设意外,创造历史课堂生成性资源

叶澜教授说:"课堂应是向未知方向挺进的旅程,随时都有可能发现意外的通道和美丽的图景,而不是一切都必须遵循固定的路线而没有激情的行程。"历史教学既是预设的人是生成的,历史课堂是师生共同活动、表演的场所,是一个充满了变数的"八卦"阵地。为了增强历史教学的有效性,教师在历史教学设计中可以留有"弹性时空",对过程多作假设,形成弹性化的方案,为学生留足自主、自由思维的时间和空间。教师有时可预设意外,创设情境,让学生来辨别与分析。例如,在学习人教版必修1《新中国初期的外交》时,当讲述完"另起炉灶、打扫干净屋子再请客、一边倒"等外交政策后,笔者给学生罗列出1949—1952年新中国与世界各国建交简表,很快就有学生发现,1952年、1953年建交数为0,于是立即提出质疑:"为什么1952年和1953年打扫干净屋子了,客人却不来?"让全班学生围绕这一问题,展开讨论。当学生碰到自己无法解决的问题时,他们的求知欲望会非常强烈。在历史课堂教学中,教师可以充分发挥学生学习历史新知识的主动性和积极性,使学生能够"有话就说,不怕说;有疑就问,不怕问",将历史课堂的话语权还给学生,鼓励和引导学生积极交流、大胆质疑、努力创新,从而用好教学意外。

当然,并不是所有的历史课堂教学意外都可以作为历史教学资源利用,也不是所有可以作为历史教学资源的事件都要当堂处理。动态资源是否可以当堂利用,要看其是否服从和服务于本课的教学目标。历史教师只要用心去经营课堂,巧妙把握课堂上的意外,积极面对意外,化被动为主动,就能使历史课堂教学充满活力,让学生的灵性得以真正释放,让历史课堂教学大放异彩。①

总之,历史教师要善于整合学科资源,从而激发学生学习的兴趣,培养学生学习的能力,提升学生的综合素质,这一举措也是新课改的基本要求。

五、加强思维导图的合理运用

(一)思维导图的作用

通过思维导图构建历史知识体系,有助于使学生形成通史观念,培养学生的发散思维,激发学生的学习兴趣以及提高学习效率。思维导图的作用具体体现在以下几个方面。

1.使学生从整体上把握历史知识结构

不管是绘制单元思维导图还是新课思维导图,学生都要先浏览所有内容才能找出关键词,然后根据关键词和一定的逻辑关系对本单元或本课相关的知识点进行分类,最后构建起整体知识框架。

---

① 史桂荣.变历史课堂教学意外为历史教学资源的策略初探[J].中学教学参考,2017(4):68-69.

2. 提高课堂教学效率

历史课主题鲜明,但有时候历史时间跨度大,学生比较难以厘清时间,此时一张形象的思维导图便能解决这个难题。

3. 培养学生的创造性思维

制作思维导图的格式不需要统一,学生可以开动大脑,自由发挥。学生可以按照自己对知识内容的理解制作具有特色的导图,教师要尊重学生的个性化设计,这有助于促进学生的个性化发展,培养学生的自主学习意识与能力。

4. 培养学生的合作学习意识

学生自制思维导图后,为了避免思考不足,可与同学互换导图进行参考,学习对方的优点,指出对方的缺点,互相探讨之后各自完善自己的导图,这有助于培养学生的合作学习意识与团结精神,有助于活跃课堂氛围。

（二）思维导图的应用步骤与策略

1. 应用步骤

将思维导图融入历史课堂,使学生拥有更多的自主学习时间和思考空间,使其主动参与知识体系的构建,有利于提高他们的学习能力。思维导图在历史课堂中的应用步骤如下。

（1）课堂教学导入

教师在历史新课教学中,需要先设计一个教学导入环节,导入的方法有很多,如故事导入、图片导入、情境导入、古诗导入等,教师可按照需要选择具体的导入方式。导入环节是新课的开始,好的开始等于成功的一半,导入的效果对思维导图的应用也有直接的影响。在导入环节一定要激发学生的学习乐趣和欲望,使其以饱满的精神状态进入正式学习环节。

（2）制作思维导图

学生制作思维导图时,要围绕主要学习内容从整体上把握课程脉络。学生一般都是按照自己对知识的理解制作导图。常见的导图制作方式如下。

第一,参考教师的导图框架,学生在此基础上补充与完善,形成自己的思维导图。

第二,学生阅读教学内容,查找参考资料,找出关键词,然后围绕关键词制作导图。

第三,划分学习小组,各组各自围绕关键词负责一个次关键词的内容,然后再将所有内容整合起来制作导图。

（3）交流讨论展示导图

在学生交流讨论时,教师参与旁听、适时指正,帮助学生纠正不足。对于思路清晰、结构完整的导图,教师可鼓励制作者向同学分享成果,并让其他同学学习其经验,也可以让其他同学进一步补充与完善该导图,使学生发挥主动性与创造性。

（4）评价标准

思维导图的评价标准主要有以下几条。

第一,结构完整度。

第二,内容清晰度。

第三,逻辑关系准确度。

第四,样式多样性。

以上几条标准相对独立,但相互影响,要综合起来对思维导图进行客观、全面的评价。

2. 应用策略

思维导图在历史教学中的应用策略如下。

（1）构建整体知识脉络,抓住关键词

新课课题下的新课导读是对整节内容的总体介绍,可帮助学生在正式学习新课之前熟悉新内容。但因为学生的思维能力和思辨能力不够强,看完导读也不会有很深的印象,甚至完全不读导读内容。对此,教师要让学生多关注导读,从宏观上把握新课、新单元和新主题的整体知识,为制作思维导图奠定基础。然后抓住关键词,从关键词出发,用不同颜色、图形或图像表示有联系的知识点,最后修正完善导图,构成知识框架,方便记忆和随时提取需要的知识。

(2)不断激发学生的想象力和逻辑思维能力

思维导图和大脑思考方式具有一致性,都具有发散的特点。思维导图就是用鲜明的颜色、形象的图片将大脑思维过程可视化。将思维导图运用到历史课上,既有利于提高课堂效率,给学生更多的自主学习时间,又有利于发挥学生的主观能动性和积极性,使学生发散思维,制作具有自己特色的思维导图,在这个过程中学生学习的积极性不断提高,学习兴趣也得到增强。因而教师在利用思维导图时,要有目的地多使用引导法,如构建一个事件的主体框架,让学生发散思维去补充其他缺少的部分。

(三)思维导图应用的注意事项

在高中历史教学中,思维导图作为一个重要的辅助工具,既好用又有效,往往能够起到事半功倍的教学效果,但如果对这一辅助工具运用不合理,不仅达不到预期效果,反而会对历史课堂教学活动的正常开展造成阻碍。为提高思维导图在历史课上的应用效果,借此来优化历史教学效果,需注意以下几点。

首先,思维导图的主题词和次主题词之间的关系非常密切,也就是说,思维导图上的知识点之间都是密切相关的,存在一定的逻辑关系。在正式上课之前,教师要避免将自己已经制作好的思维导图完全给学生展示出来,否则会对学生自主思考的积极性造成影响,如果学生缺乏独立思考,只是被动接受教师的思维导图,那么他们很难掌握导图中的知识点,也难以理解各知识点之间的联系,最终导致记忆不清晰、不深刻。历史教师要想利用思维导图来活跃课堂氛围,提高课堂教学效果,就要尽可能利用一些多媒体软件将思维导图制作成可以手动播放的样式,这样就可以不必将整个导图呈现给学生,只选取需要呈现的一部分播放即可。此外,历史教师可以先不制作完整的思维导图,先将框架确定下来,留出空白让学生通过自主思考来进行填充。教师也可以在课堂上对学生制作思维导图进行现场指导,先让学生阅览教学内容,将关键词找出来,总结内容概要,在此基础上对思维导图进行绘制,如果学生单独完成思维导图有些吃力,可按小组合作的方式来制作,各小组成员充分发挥自己的主观能动性,积极参与到小组活动中,最后各小组相互交流,相互学习,教师对各小组的制作成果进行评价,并给出指导意见,使各小组学生进一步完善思维导图。

其次,思维导图这种思维可视化工具的制作没有固定的形式与结构,灵活性很强,制作者可将颜色丰富的线条和直观形象的图片加入其中,但要注意的是,学生不能将过多的注意力与精力放在对有色笔的选用或者对图片图像的美化上,否则他们会认为选用颜色和美化图片才是制作思维导图的重点,但事实是导图中内容的逻辑性与准确性才是重点,使用色彩线条和图形图像是为了突出重点,锦上添花。如果学生对美化图片感兴趣,可以在课后多练习,而不要过多占用课堂时间,否则会影响课程教学效率。制作思维导图本身就不能不拘泥于单一的形式,所以教师要尊重学生的个性和多样性,鼓励其多动脑,多思考,设计既有准确性、逻辑性,又具有个性化色彩的思维导图。

最后,不同学生对于同一历史现象或历史事件的看法或理解可能不同。学生会按照自己的认识与理解去制作思维导图,认识与理解不同,制作的思维导图也必然具有差异性。教师一方面要尊重学生的个性化特征;另一方面也要避免学生为了突出个性而随意进行历史思维导图的制作。虽然对于思维导图优劣的评判没有统一的标准,但教师至少要提出一些基本的要求,如内容正确、与关键词联系密切、各部分内容之间逻辑合理,等等,这样就能避免学生制作思维导图的盲目性。

第六章　高中历史教学效果的具体优化措施

　　教学活动是一个师生共同参与的开放性的活动过程,高中历史教学过程中,可受多种因素的影响,在掌握了影响高中历史教学的各种因素后就应该重视通过教学体系中的构成要素的调节和控制,选择学生最感兴趣的教学内容与教学方法,促进历史教学过程与教学环境的合理与优化,进而提高师生在高中历史教学中的参与积极性与参与度,最终实现良好的历史教学效果。本章重点就高中历史教学过程中的教学内容、教学方法、教学模式及教学环境的具体优化进行系统详细地分析,以为历史教师科学合理开展历史教学提供教学实践指导。

第一节　高中历史教学内容的优化

一、教学内容的概念

　　教学内容,俗称教材,是为了实现教学目的和教学任务以教学形态的方式出现在课堂上的总称。

　　一些知识是否能作为教学内容,以教材形式呈现给师生,需要教材编写组人员的层层筛选,教学内容是学科教育者按照育人的要求,在总结前人学科教学和教育实践经验的基础上,遵循一定的原则和程序,从丰富的学科知识和技能中认真精选出来的。

历史教学内容是在历史教学实践中教师教与学生学的实践材料,历史教学内容是联结教师与学生的中介。

二、高中历史教学内容的构成

目前,我国普通高中《历史》全套教材共 5 册,其中,必修教材分《中外历史纲要》上下 2 册,选择性必修教材分《国家制度与社会治理》《经济与社会生活》《文化交流与传播》3 册。

高中历史的教学内容丰富,包括中外历史的历史大事和重要人物活动;精选史实,包括通史和专题史,史论结合,对引导学生认清历史发展规律,全面正确地看待历史与现实具有重要的学习指导作用。

以中国史教学内容体系为例,我国高中历史的中国史部分的主要教学内容见表 6-1。

表 6-1　高中历史教学中国史部分教学内容

历史事实与意识	教学内容	教学目的
中华文明史	中华优秀传统文化思想、理念、美德、人文精神	引导学生形成对中华文化的认同感,树立正确的文化观
	文化名人	
	各类著作	
	重大发明创造	
	艺术作品	
中国人民斗争史和中国共产党奋斗史	中国人民反抗侵略、谋求民族独立的历史	引导学生认识中国共产党在全民族团结抗战中的中流砥柱作用,中国共产党领导是人民的选择,中国特色社会主义是历史的必然
	中国共产党领导中国人民革命、建设和改革的史实	
	中共重要战略方针、重要会议、重大事件、重大胜利、英雄人物	

历史事实与意识	教学内容	教学目的
国家主权、海洋意识	西藏、新疆、台湾及其附属岛屿、南海诸岛等作为我国领土不可分割一部分的历史渊源	增强学生国家主权安全意识,建立正确的国家观
民族团结进步	我国各民族交往、交流、交融史	引导学生树立正确的国家观、民族观、文化观和历史观,增强民族认同感与自豪感
	我国民族区域自治政策	

三、高中历史教学重点内容的确定依据

高中历史教学内容丰富,人类历史发展到现在已经有几千年的历史,历史教材中出现的和没有出现的历史事实都可以作为高中历史教学的内容,教师应结合教学需要、教材内容选择出各学期、单元、课时的重点教学内容,对历史教学的重点内容进行重点关注与施教。

正确地选择历史教学重点内容能够更好地促使学生进行历史知识的学习、提高历史文化素质,养成历史意识,建立正确的历史观。高中历史教学重点内容的确定依据如下。

(一)历史课程教学目标

历史课程教学目标对历史教学重点内容的选择具有重要的指导与启发作用,历史教师在明确本次课的重点教学内容时,应充分考虑本次课的教学目标是什么,对本次课所涉及的所有教学内容进行分类,选择出最能实现教学目标的教学内容进行重点阐述、讲解、分析。

(二)史学教育价值取向

历史教学具有多元教育价值,不同的历史教学内容的教学活

动开展可发挥不同的史学育人功能,教师应重视对历史教学内容进行整理、分析、筛选,重点突出那些对学生最优教育价值,能帮助学生树立正确的历史观、价值观、世界观的教学内容作为教学重点。

(三)教学内容自身特征

历史教学内容是师生间连接的纽带,发挥着连接教师与学生的中介作用,其对整个教学过程都具有非常重要的关键性作用。能够强化师生的信息沟通。

高中历史教学实践中,历史教材编写者和历史教师对教学内容进行选择时,不仅要符合特定的依据,同时也要遵循特定的原则。历史教学内容具有自身的特征,对于与历史教学实践不符的历史教学内容应果断摒弃。

尤其是历史教师在历史课堂教学设计中,在前期的教学设计准备过程的历史教学资源收集整理方面,要尊重历史,要重视对具体的资源(如图片、影视作品)的真实性、是否符合历史事实进行严格的考察。

(四)学生身心发展规律

不同的学生群体、个体彼此之间存在着性别、年龄,认知、知识基础等方面的差距,历史教师在教学内容和教学重点的选择上,要充分考虑到所面对的教学对象——学生的身心发展规律。

在高中历史教学中,历史教师面临的是高中阶段的学生,这一阶段的学生已经建立了基本的价值观和世界观,但还不完善,不同的学生对历史事实与人物的了解程度也不同,因此,教师应充分考虑学生的身心发展特点来选择和确定教学内容与教学重点。

从学生身体发展规律来看,历史教师选择和确定历史教学内容与教学重点,应充分考虑高中学生的大脑发育水平、知识认知水平、逻辑思维能力、想象能力等。

从学生心理发展规律来看,历史教师选择和确定历史教学内容与教学重点,应充分考虑到学生对民族情感的认同、爱家爱国情怀的发展水平,通过历史教师的正确指导,促使历史教学内容的育人作用真正发挥出来。

(五)学生学习和发展需要

历史教学以促进学生身心发展、培养现代化社会人才为目的,历史教师对历史教学内容进行选择的一个必要的因素就是学生对历史的需要和兴趣。如有些学生对历史朝代变迁与政治制度比较感兴趣,有些学生对历史经济变革感兴趣,有些学生喜欢研究历史科技与文化内容,有些学生则热衷于钻研历史上的战争事件。

历史教学中,良好教学效果的获得,离不开教学过程中师生的积极参与,学生自身积极和努力尤其必不可少。通常,学生越感兴趣的事情,其参与的动力就越大,学习的效率也将倍增。历史教学内容的选择,必须是学生可以接受,并且感兴趣的,以便于充分调动学生学习的积极性与主动性,以优化教学效果。

(六)社会发展需要

历史教学的本质是育人,历史教学的重要意义在于引导学生建立历史意识,能通过历史事件反思当下社会,能设想与参与现代社会建设。因此,在高中历史教学中,最佳的教学内容一定是能培养学生成为当前社会发展需要的人才的那一部分内容。

科学选择历史内容,既要促进当前学生的发展(如高中学生的历史学习要为升学服务),还要为学生之后适应、融入社会、建设社会奠定良好的基础。

四、高中历史教学内容优化原则与策略

(一)坚持教学内容的教育性

要想将历史教学内容的选择作为师生教学信息沟通媒介来

实施教学活动、实现历史教学价值,就必须要注重所选教学内容的教育性,历史教师要从历史教材中选择出最具有教育价值,最能促进学生的历史文化素养提高和历史价值观形成的教学内容作为教学内容,或以这些教学内容为基本教学资源进行加工、整理、丰富;在历史课堂教学中,历史教师还能在一节历史教学课的诸多教学内容中进行重点讲解与讨论。

高中学生正处于价值观、世界观形成的关键时期,意识培养与思维发展也处于快速发展期,这一时期要重视对青少年学生的价值观教育、思维发散、道德教育,通过历史教育促进学生的健康发展。

具体来说,在历史教学实践中,教师优化历史教学内容应做到以下几点。

(1)历史内容选择必须符合历史课程教学主要目标。

(2)历史教学内容的选用、加工应符合教育基本理念与观点,注重学生的正确价值观、道德观等的教育。

(3)对历史教学内的价值观进行梳理,使其与当代社会的固有价值观同步。

(二)重视教学内容的科学性

高中历史在进行历史教学时,要选择正版的教材,这是确保教学内容的科学性的重要基础,当然,对于现代高中历史教学来说,教材知识教师进行历史教学的一个参考基础,有很多教学内容需要教师自己去收集、整理,结合教学目标进行教学设计,将教学内容以最佳形式呈现给学生。

科学性的教学内容选用与教学呈现,要求历史教师做到以下几点。

(1)在高中历史教学大纲范围内选用教学内容。

(2)教学内容应与学校的教学的指导思想、教学实际相结合。

(3)教学内容应满足考虑不同学生的学习需求,在促进学生历史知识丰富的基础上,满足不同学生的个性化发展需求,为学生提供尽可能多的可供选择和提高的教学内容(体系)。

(4)科学性不足的历史内容不应进入课堂。

(5)多渠道获得的历史教学资源(如从网上检索的教学资源),请确保其真实、客观。

(三)关注教学内容的实效性

历史教师优化选择、呈现、解析历史教学内容应确保最终所输出的教学内容的实效性,这种实效性要求如下。

(1)不选择"难、繁、偏、旧"的教学内容。

(2)教学内容选择与呈现应充分考虑学生的历史学习兴趣,如对教学内容的影视教学设计、多媒体教学呈现、将历史教学内容学习融入教学游戏与角色模拟、历史剧表演中。

(3)重视教学内容与学生生活和现代社会的联系。

(四)突出教学内容的趣味性

兴趣是帮助一个人学习的最好的老师,历史兴趣是学生对历史的一种积极的认识倾向和情绪状态,历史教师优化教学内容应注重对教学内容的生动立体化改造,让书本上的教学内容能以更加生动形象的形式呈现出来,在历史课堂教学实践中,对一些历史文化、艺术的教学内容应注重趣味性改造,对历史制度等比较枯燥的内容可以穿插历史故事进行讲解,以拓展课本文字教学内容,使整个历史教学不那么沉闷,更加有趣。

(五)注重历史与时事的结合

高中阶段学生学习历史,不仅限于知道历史事实,通过历史教学内容的学习,教师应为学生的当下发展需求服务。

(1)教学内容要有助于帮助学生形成正确的历史思维。

(2)面对学生需要考试升学的需要,应将教学内容进行考点梳理与讲解。

(3)重点抓与当下社会热点、价值观、道德观贴近的教学内容。

第二节　高中历史教学方法的优化

一、教学方法的概念

关于教学方法,不同的学者有不同的认知,分析如下。

(1)教学方法是教学系统的重要组成部分。

(2)教学方法是"教"与"学"的统一,可有效促进师生的双边互动。

(3)教学方法受到特定的教学理论的指导。

(4)教学方法是在教学过程中,教师和学生为实现教学目的,完成教学任务而采取的教与学相互作用的活动方式的总称。①

综合上述内容,教学方法是为教学目的服务的,具有可操作性的,有一整套程式或方式来引导、调节教学过程的所有方式方法的总和。

二、历史教学方法的类型

教学方法从教学活动参与主体的使用情况来看,可以分为教师的教的方法和学生的学的方法,这里的教学方法主要是指教师的教的方法。

从历史课堂讲授与活动开展的角度来看,教学方法分为历史课堂讲授方法和历史课堂活动组织方法,前者主要包括讲述法、讲解法、讲读法、谈话法、图示法、演示法、板书法等;后者主要包括讨论法、辩论法、史料研习法、角色扮演法、竞赛法等。

---

① 李秉德. 教学论[M]. 北京:人民教育出版社,1991.

三、历史教学方法的优化运用

历史教学方法种类多样，这里重点介绍以下几种方法的操作程序及优化运用要求。

（一）讲述法

讲述法是指以教师为主导，由教师以口述语言向学生传授历史知识的教学方法。

历史讲述法的应用，要求教师系统地、有组织地用言语传授特定历史内容；要求学生尽可能地、完整无误地接受教师所传授的历史知识。

与其他历史教学方法相比，历史讲述法通过语言表述历史事实材料和对象，让已经过去的历史现象"复活"，并创造性地在学生的脑海"重现"，这需要教师生动、形象、极富感染力的语言讲述。

历史讲述法可细分为叙述、描述、概述三种方法。

（1）叙述。教师按照历史事实发展顺序进行完整、清晰、有条理的语言表述。

（2）描述。教师对重点历史事实和具备内容进行生动、形象、细致的语言表述。

（3）概述。教师对非重点历史事实进行简洁、明了的语言表述。

高中历史教学实践中，教师优化运用讲述法，应做到以下几点。

（1）明确目标，拟定向学生传授的特定历史教学内容。

（2）结合学生特点整理教学内容要点，循序渐进，由浅入深地呈现主题内容。

（3）按照提纲所罗列的内容逐条讲授，尽可能地带有启发性。

（4）按照历史时空、事件及历史人物的特点讲述。

（5）对代表性情节详细讲述，对次要内容扼要概括讲述。

（6）注意语言的简洁和清晰度,尽可能地有感染力。

（7）合理调整讲授时间,适当与其他教学方法相结合。

（二）讲解法

历史教学讲解法是指教师运用语言对历史事实进行分析、论证,以揭示事物本质及规律的教学方法。

高中历史教学不仅为学生提供具体事实资料,活动感性知识,更重要的目的是使学生通过对感性知识进行深入思考,发展思维,形成对历史本质和规律的认识。

历史讲解法在高中历史教学中的运用程序如下。

（1）科学分析与综合。历史教师要把教学内容分解开来,对各部分内容进行注意考查、说明,再将各部分内容进行归纳,从整体上做出恰当的结论。例如,针对《辛丑条约》的内容讲解,从政治、财政、军事三个方面进行具体分析该条约带来的损害,说明当时清政府在政治、经济、国防方面的权利丧失,最后说明《辛丑条约》的签订使中国完全沦为半殖民地半封建社会的深渊。

（2）全面比较。教师对不同时间、空间的历史事件与人物进行比较,分析异同。比较要尽量做到全面化,既要进行历史横向比较,也要进行历史纵向比较;既要进行历史宏观比较,也要进行历史微观比较。

（3）概括。将一些历史现象的共同点归纳在一起,以达到解释历史事物本质和规律的目的。

历史讲解法的优化运用应注意以下几点。

（1）讲解要明确,突出教学内容重点、难点、特点。

（2）讲解要正确。注重教学内容（历史文化、事件等）的准确描述。

（3）讲解要生动、简明、有重点。讲解应生动形象,加深学生理解。

（4）讲解要通俗易懂、深入浅出。

（5）注重讲解的时机和效果。

（6）重视讲解内容的前后关联性。

（三）演示法

演示法是指教师通过历史地图、图像、简表、实物等（表 6-2、表 6-3）手段展示，促使学生掌握某一历史信息、概念或深化对某一历史问题认识的教学方法。教学中，教师演示教学内容信息，学生通过观察了解具体知识。

表 6-2　历史教学演示教具种类

演示类型	教学举例
历史实物	石器、木器、瓷器、货币、墨迹等
历史模型	历史遗址、遗迹、遗物原型或复原物
历史图片	课本插图、教学挂图、历史照片、历史图画等
历史幻灯	使用投影灯、自动幻灯将图、报、物等影像直接投射到屏幕上
历史电影	历史纪录片、资料片、故事片、科教片、教学片
历史录像	
辅助历史教学的计算机	帮助师生迅速处理、控制、调整教学设备、资料

表 6-3　历史教学演示图片种类

分类标准		教学举例
制作方法	照片	"云冈石窟大佛"遗址照片 "掷铁饼者"实物照片 "张学良"人物照片等
	图画	"孔子"临摹画 "北京保卫战"想象画
制作时间	当世人根据历史原貌创作	《清明上河图》
	后人根据史料想象创作	"牧野之战"
使用方式	课本插图	"《步辇图》（宋摹本）"图画照片
	教学挂图	《中国历史教学挂图》 重要历史遗址成套照片图片集

历史教学演示法操作步骤如下。

（1）向学生介绍演示主题，提出启发性问题。

（2）讲解演示中涉及教学知识，方便学生认识相关知识，观察有重点。

（3）适时把握演示时机进行演示，可边讲述边演示。

要通过演示法有效展示教学内容并收获良好的教学效果，教师需要注意以下几点。

（1）提前将演示的内容、材料、步骤设计好。

（2）合理把握演示的位置与出示时机。

（3）注意演示步骤。

（4）注意演示时间的分配。

（5）注意演示观察与相关的结论信息相互印证。

（四）板书法

板书法是传统历史教学中的常用教学方法，在现代教学中也较多使用，发展到现在，板书不仅是一种重要的历史教学方法，也是历史教师的一项重要的教学技能。

通常来说，历史教师的板书教学法主要有以下几种。

（1）表格板书法。通过相似事物、事件进行对比分析，归纳异同，以便于学生掌握历史知识。

（2）线条式板书。根据史实的发展过程，选择关键性词语，用线条、箭头等连接起来构成的一幅流程图（图6-1）。

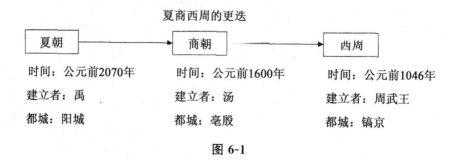

图 6-1

（3）图解式板书。以示意图的形式帮助学生认识事物结构、空间位置和演变（图 6-2）。

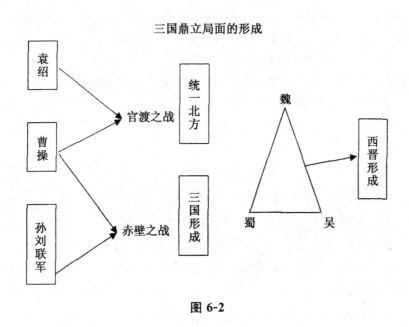

图 6-2

（4）结构式板书。对重大历史事件进行分解、归纳，简约概况，一目了然（图 6-3）。

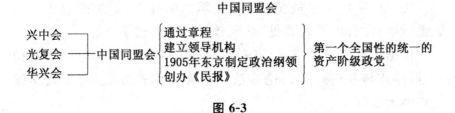

图 6-3

（5）方位式板书。按地理方位对历史事件的空间位置进行形象直观的描述，方便学生理解地理位置关系、事件发展过程（图 6-4）。

（五）史料研习法

史料研习法是指师生共同对历史资料进行探讨研究的教学方法，也称为史料教学法。

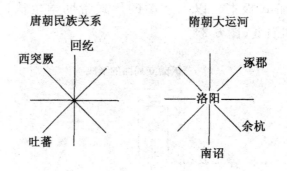

唐朝民族关系　　　　隋朝大运河

图 6-4

史料研习法的实施步骤如下。

(1)结合史料、教学内容,选定主题。

(2)选择史料相关资料,并适时提供给学生。

(3)组织学生根据研习主题对材料进行辨析、分析、比较。

史料研习的科学化教学方法应用与教学效果优化,要求历史教师做到以下几点。

(1)选择的材料要恰当,教师指导要到位。

(2)史料研习活动与讨论结合进行,效果更佳。

(六)讨论法

历史教学讨论法是在教师的组织和引导下,学生围绕历史问题进行语言交流、发表意见,达到教学目标的教学方法。

根据历史教学课堂讨论的组织形式,讨论教学法可分为对谈式、群体式与分组式等讨论方法。不管是哪种方法,基本教学操作步骤大致如下。

(1)根据教学目标选择讨论内容。

(2)根据教学需要分组,明确讨论形式。

(3)组织实施讨论。

(4)小组小结,教师总结。

历史教学讨论法的优化运用要求如下。

(1)讨论的问题应是教学重点或难点。

(2)教师要善于鼓励学生主动发言,畅所欲言,同时,实事求是。

（3）注意调控讨论时间。

（4）对各小组讨论过程与结果进行教学评价，肯定学生良好表现，指出不足和改进之处，注意不要打击学生积极性。

（5）教师进行教学总结，可结合学生讨论情况进一步提出需要思考的问题，引导学生继续学习和研究。

（七）谈话法

谈话法是指教师与学生在课堂上进行对话、问答的方法，具体包括启发性谈话、概括性谈话、巩固性谈话、考查性谈话等。

谈话法的教学运用程序如下。

（1）根据教学目标与内容，确定谈话主题。

（2）提炼谈话内容中的问题。

（3）采用合适的谈话方式进行谈话。

（4）谈话总结。

在历史教学实践中谈话教学法的优化运用要求如下。

（1）科学选择谈话内容，不过度谈论复杂或模棱两可的问题。

（2）事先构思问题答案的范围与多种可能性。

（3）学生没有思考和探索时，不提供正确答案。

（4）谈话侧重于对问题的探究，不以提问为难或惩罚学生。

（八）角色扮演法

角色扮演法指学生在教师指导下扮演历史或虚拟人物角色，通过角色扮演活动加强对教学内容的理解和掌握的教学方法。通过角色扮演，能营造一种特定历史情境，有助于调动学生的学习积极性，加深学生的学习体验。

历史角色扮演教学法实施的基本步骤如下。

（1）确定或引出问题，探讨故事冲突；说明所要扮演的角色。

（2）分析角色，挑选参与者。

（3）布置舞台，划定表演路线，进行道服化准备。

（4）表演。

（5）讨论与评价，经验分享，问题讨论。

要优质运用历史角色扮演法，应做到以下几点。

（1）教师要预先选择主题，构想、构建历史情境。

（2）教师要事先与学生一起讨论"剧本"和角色分配，帮助学生准备角色。

（3）角色表演的台词、相关资料应符合历史事实，可鼓励学生自行设计场景、情节、对白等，依据历史进行合理化想象。

（4）教师做好舞台表演调度。

在实际的历史教学方法优化运用及创新运用过程中，教师必须重视教学方法优化策略中的系统性和操作性，教学方法应用于教学实践后，教师还应重视对教学方法产生的效果进行跟踪了解，可通过学生的学习反馈收集、整理、分析教学方法使用效果的反馈信息，并对教学方法进行再一次的优化调整。

第三节　高中历史教学模式的优化

一、教学模式的概念

关于教学模式的概念，有以下几种阐述。

（1）教学模式是在教学思想指导下，典型、稳定的课堂教学结构。

（2）教学模式是教学思想指导下的相对稳定、系统、理论的教学模型。

（3）教学模式是一种活动策略和方式方法体系。

（4）教学模式是一种教学活动模型。

（5）教学模式是在一定教学思想或理论指导下的教学活动范型。

简单来理解,教学模式是在教学思想指导下的一种为实现教学目标的较为稳定的教学活动程序。

二、历史教学常见教学模式实操

(一)小群体教学模式

小群体教学模式是在教师的指导下,将学生进行分组,通过小组讨论了解教学知识的教学模式。

小群体教学模式关注学生作为教学的主体地位,重视学生的社会性发展,有助于提高学生的表达、协作、竞争、社会适应力。

小群体历史教学模式的操作程序具体如图 6-5 所示。

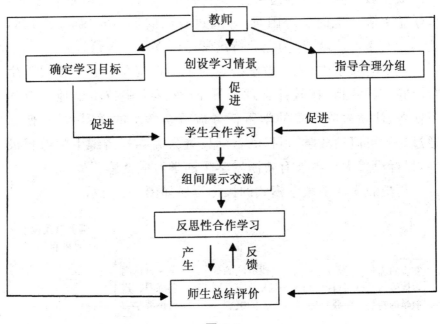

图 6-5

(二)快乐教学模式

快乐教学模式最早是从日本传入我国,其注重学生在教学中的快乐参与与体验,要求教学应调动学生的积极性与主动性。

历史教学的快乐教学模式从情感教学入手,强调勤学、乐学、强调教育的"以人为本",强调让学生在快乐的氛围中接触、参与、学习历史,掌握历史知识,增强历史思维。

历史教学中快乐教学模式设置操作如下。

(1)结合历史教学内容的教学游戏、教学故事课堂导入,调动学生学习积极性。

(2)提出低要求的学习目标,学生轻松挑战完成。

(3)提出稍高难度的学习问题,让学生挑战解决问题。

(4)学生结合教学活动,自定目标和创设教学活动与环境。

(5)小组评比,优化。

(三)成功教学模式

成功教学强调教学过程中学生的主体地位,要求通过教学,使学生克服一定的学习困难,并通过自己的努力完成学习目标,让学生有学习成就感,为之后持续学习建立学习自信。

在历史教学中,成功教学模式的事实强调在教学中重视学生"成功感"的获得,在教师合理引导下,使学生坚持不懈地完成学习任务,注意教师布置的学习任务应符合学生的学习水平,使其通过努力可以达成学习目标,目标设置太高会打击学生学习积极性,目标设置太低不能有效激发学生的学习成就感。

历史教学成功教学模式的操作程序如图 6-6 所示。

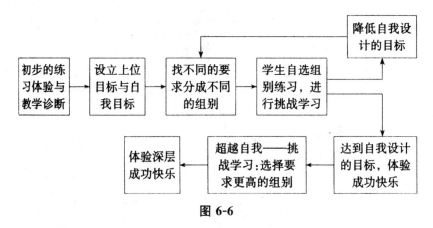

图 6-6

（四）自主教学模式

自主教学模式以"学生是教学的主体"为教学指导，强调教师应通过良好历史教学环境的创设，提高学生的学习积极性与主动性，让学生从"要我学"变成"我要学"。

"自主学习"模式是一种现代化的教学模式，尊重了学生的不同学习能力和水平，能够消除高中历史教学的依赖性和无序性，促进学生各种综合能力的全面提升。[1]

PBL（Problem-Based Learning）即基于问题的学习理念，是20世纪60年代创立的一种自主学习教学模式。教学中，要求教师为学生设计一个具有复杂、混乱问题的教学环境，使学生成为情境中的角色，引导学生自主探索、讨论、解决教学情境中的问题，激发学生思考，在自主学习教学模式下，教师从传授者变成了引导者，能有效减少学生在历史学习中对教师的依赖，有助于提高学生的主动学习意愿、提高学生的自主学习能力。[2]

历史教学中主动教学模式的操作程序如图6-7所示。

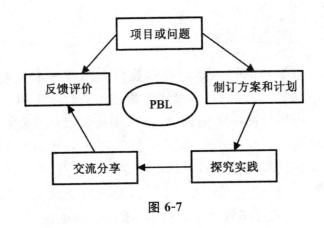

图 6-7

---

① 巩清伟.探讨高中历史"自主学习"课堂的教学模式[J].中国新通信,2019(6):202.

② 游树斌.PBL教学模式在初中历史教学中的渗入研究[J].课程教育研究,2019(47):58.

（五）探索教学模式

探索教学模式强调学生在学习过程中的发现、思考、领会,强调教学过程中对学生的学习能力的提高。

历史教学中,探索教学模式的实施,要求教学应以学生为中心,整个教学过程应做到先尝试,后学习,重视学生在历史学习中的整体学习与把握,将学生引入教学情境中,重视发展学生思维,让学生在实践中(活动中或比赛中)去发现问题,激发学生对问题的分析、探索、思考,有助于提高学生的自主学习能力。

历史教学中的探索教学模式的操作程序如下。

(1)教师根据历史教学内容、教学目标创设教学情境。

(2)教师结合教学情境提出问题。

(3)引导学生在教学情境中进行尝试性分析、讨论,找出问题答案。

(4)引导学生进行问题答案的分析、验证。

(5)教师对学生的探索进行评价,开展正常的历史教学,揭示问题答案。

（六）多媒体教学模式

多媒体教学辅助技术是随着多媒体教学技术的发展而发展起来的,是在教学实践中对多媒体教学技术的教学应用。

多媒体应用于高中历史教学,是高中历史教学发展的现代化表现和发展必然。高中历史多媒体教学模式的实施需要多媒体技术教学支持,教学实践中,教师应注意以下几点。

(1)建立完整的多媒体教学系统,通过历史录像、图片、影像等的引入,提前做好多媒体技术准备、教学资料准备。

(2)避免单纯为了追求教学的"新"而采用多媒体教学。多媒体教学应与教学需要相适应。

（七）网络教学模式

互联网是互联网时代的高中历史教学新尝试,这种教学模式的实现需要学校建立流畅和完善的校园教学网,提供健全的互联网在线教学支持与管理,确保网上教学活动的顺利开展与实施。

高中历史教学模式实施要求如下。

(1)教师应具备网上课件开放、编辑、加工的能力。

(2)做好网络课堂管理,确保学生的有效在线学习。

(3)做好线上、线下历史教学活动组织与管理。

目前,我国高中历史教学中,尝试网络教学模式的学校非常少,但是教师利用聊天软件指导、引导和组织学生开展历史学习、参观的活动可以看作是一种网络教学模式实施的尝试。

三、历史教学模式的创新策略

(一)重视教学对象分析

学生作为历史教学对象,是教学活动的主体。教师了解学生、分析学生,是教师科学选用历史教学模式的重要基础。

对于历史教师来说,在高中历史教学中,无论历史教师选择何种教学模式,都应该在基于充分考虑学生的具体情况下进行选择。

对于学校历史教学工作者来说,应充分了解不同年龄段的学生特点,充分考虑学生的学习需求和历史需要,有的放矢,科学选择、组合、改革历史教学模式。

(二)借鉴与创新相结合

历史教学模式创新必须有根基可循,要以一定的教学理论为指导。

要不断优化历史教学,历史教师就必须重视加强自我的教学理论学习、加强历史教学模式最新研究和动态发展的学习,积极借鉴国外的先进教学模式理论、借鉴国内的先进教学模式理论与成功教学经验,结合本校、学生特点与需求,优化、改革历史教学模式。

（三）加强教学信息建设

随着现代科技的快速发展，现代教学活动中，先进技术产品和手段的运用也在很大程度上提高了教师的授课效率，也被新时期的学生群体所喜爱。

互联网信息时代，历史教学模式的创新离不开各种新教学技术的应用，为了更好地实现新历史教学技术对历史教学模式实施的支持，应加强校园教学信息建设。

（1）各校之间建立一个公共历史的教学资源共享平台，实现教学信息共享。

（2）借助多媒体，建立校园网，为学生的历史学习提供更多元的资源获取途径与便利，拓展包括历史学科在内的学生的多门学科的学习内容与空间。

依托互联网技术和计算机技术，"课堂＋网络自主"的教学的实施，有利于打好学生历史基础，为学生提供了更多的历史资源和兴趣空间，同时有利于培养学生的自主学习能力。[1]

（四）注重教学模式评价

对历史教学模式进行简明、科学，操作性方面的评价，以便于教学评价工作的顺利开展。这是新时期历史教学改革对历史教学模式评价的客观要求。建立健全历史教学模式评价体系、不断完善历史教学模式应注重以下几点。

（1）以历史教学目标为基础评价历史教学模式。

（2）历史教学模式应适于教学实际。

（3）重视评价反馈信息的全面化、真实性。

（4）重视评价标准的多元化。

（5）以教师个人或集体经验为依据，对现有历史教学模式的不足进行完善创新。

---

① 朱道禄.MOOC引领下中学历史课程多元化教学模式研究[J].现代商贸工业，2019(20)：169.

第四节　高中历史教学环境的优化

一、教学环境的概念

教学环境是学校教学活动所必需的主观条件、客观条件的综合。其是依照人的身心这种特殊需要专门设计和组织起来的环境。[①] 在教学论中,教学环境通常有广义和狭义之分。广义上的教学环境不仅涉及学校空间内教学环境,还涉及整个社会的政治经济制度、科学技术水平、社区文化、家庭条件、亲朋邻里关系等;狭义的教学环境指学校教学活动的场所、物质环境、校风班风、师生关系、校园信息及校园内部的舆论、学校规章制度等。

二、历史教学环境的构成

教学环境的良好创设有助于师生良好的教学情境的营造,良好的教学物理环境对于积极教学心理环境的营造,多样灵活化的教学方法和教学手段的应用,综合个性化的教学组织形式的选择,良好师生关系的建立,以及学生的全面成长等,都具有十分重要的推动和促进作用。

对教学情境有重要影响的教学环境相关因素在本书第四章简单介绍过,这里就整个历史教学环境的构成详细解析如下。

(一)教学物理环境

教学物理环境,具体指教学赖以依赖的物质基础和物理条件整体,具体细分如下。

---

① 李秉德,李定仁. 教学论[M]. 北京:人民教育出版社,1991.

1. 教学的自然环境

教学自然环境具体指历史教学的整个教学物质基础,不仅限于教师的物理环境,还包括整个校园的物理环境,如教室所处位置、学校地理位置与环境、教室室内布置、校园物质环境。

一般地,我国绝大多数学校在物质环境建设上,更多地考虑为学生身体安全提供适宜环境,但较少考虑是否有利于学生的心理安全。

在历史课堂教学中,教室的色彩、光线、温度等,都能作用于师生的感官,进而影响师生的心理状态,影响教与学的效果。研究发现,适宜学生智力活动的教室温度是 $20℃\sim25℃$,每升高 $1℃$,学习能力降低 2%,气温超过 $30℃$,会增加大脑消耗,质量水平会大大降低;光线过强会使人烦躁、头晕,光线过弱不能引起大脑足够兴奋;过强或闪频过度可使学生头痛恶心,会对学生大脑发育造成危害;浅蓝色和浅绿色可使学生心情平静,而浅红色和深黄色可使学生情绪激动;让教室变得更加"柔和",呈现出暖色调、明快的风格及多样质地(如木质),可令教学环境安全舒适。

2. 教学设施

教学设施是影响教学效果的一个重要环境因素,在历史教学活动开展过程中,教学活动的必需品,如课桌椅、实验仪器、图书资料、历史器材、各种电教手段等,这些工具与教具的数量、摆放位置、清晰度、呈现效果、质量等,都会影响到教学活动的开展效果,良好的教学设施能为历史教学提供良好的物质条件与环境。

图书资料、课桌椅等教学设施的布置应体现以学生为本的教学理念,为师生交流、学生合作提供良好的互动环境。

3. 教学的时空环境

教学的时空环境要素包括教学时间的安排、班级规模、座位编排方式等。通过合理安排教室的空间,尽量减少对学生的干扰,可增强学生的心理安全感。

教学时间过长或过短都不利于良好的教学效果的获得,教学时间过长,师生的教学注意力难以长时间集中,会教学疲劳,会影响教学效率与质量;教学时间过短,师生还没有进入教学状态教学时间就结束了,师生获得的知识难以有足够的时间去消化,也会影响教学效果。

班级规模、学生人数与教室的空间密度相关,教室空间小、学生数量多,人均空间过分拥挤,会让师生有不良反应,如烦躁不安、好斗、富有攻击性、压抑等,会影响师生的教学情绪与参与积极性。

座位编排方式指教室内桌椅的排列形式。常见的桌椅排列方式主要有横排式(秧田式)、马蹄形、小组式、对列式等。不同桌椅排列形式,可对教室进行不同教学空间的划分,不同的教学空间,师生的关注程度不同、参与程度不同,会影响师生交往和人际关系的建立,影响教、学的动机、态度、课堂行为等。通常情况下,前排和中间的学生最易被教师控制,课堂行为多积极;后排学生容易被教师忽视,容易放松,可能产生过分行为。

（二）教学心理环境

教学心理环境具体指教学课堂上所有成员共同的、稳定的心理特质或倾向。教学心理环境作为一个情感场域,包括教师的心理状态,也包括学生的心理状态,它是师生相互影响的结果。

在高中历史教学中,采用班级集体授课形式,教师一对多开展教学活动,师生的教与学在这个团体中的学生不可避免地会相互影响,同时也受到团体的影响,一方面,教师的观念意识、行为、教学风格等会影响学生的历史学习态度、期望、价值及行为;另一方面,学生的学习态度、与教师互动、教学反馈,会影响教师的教学情绪与情感。

根据教学心理环境教师与学生的心理趋向和行为模式的外显,可以将教学心理环境划分为三种基本类型:积极的、消极的、对抗的三种形式。

消极的教学心理环境中,学生紧张拘谨、心不在焉、反应迟钝,师生缺乏有效互动,相互回应消极。

对抗的教学心理环境中,学生被动服从或无视排斥教师的教学,教师的灌输与学生的被动接受是必然的产物;教师放弃对一些"坏学生"的管理,在教学中无视他们。

积极的教学心理环境中,师生平等交往,教师凭借自身的学识和人格赢得学生的认可与尊重,教师鼓励学生挑战课本、教师,学生自主性意识和创造性思维的发展获得了可能性。师生关系向着认同与同化的水平发展,教学相长。良好的教学心理环境,有助于形成良好的师生关系,提高学生学习效率和学习动机,增强学生学习动力等,对实现教学目标具有重要促进作用。

(三)校园历史文化氛围

学校是否重视学生的素质教育、爱国主义教育,对在校师生是否重视历史教学活动参与具有重要影响。

一般地,在有丰富多样的校园历史文化活动的学校,学校将各种历史教育活动融入到校园物质环境建设中,如校园历史人物塑像、校园宣传栏的历史教育与爱国教育内容宣传等,对于师生尊重历史、培养爱国情怀具有重要帮助作用。此外,校园历史与文学、艺术及其他学科也有一定的交织,丰富的历史文化活动开展,如历史邮展、历史题材摄影、历史知识竞赛、历史文化讲座等,都有助于师生重视历史的教学活动开展与参与。

(四)网络教学环境

现代信息化教学需要信息技术硬件和软件的支持,因此,在教学环境中,教学网络环境是非常重要的一个构成要素。

在现代化历史中,网络教学逐渐渗透到学校各个学科教学中,信息技术在历史教学中的运用也促进了历史教学的网络教学的实现,新时期,学校应重视校园网络教学环境建设,为历史网络教学发展提供环境与条件支持。

三、历史教学环境优化方法与措施

（一）加强教学物质设施建设，优化教学物理环境

课堂教学物理环境是教学赖以进行的物质基础和物理条件，其的建设应做到为课堂教学服务。

（1）学校的自然环境条件、教室的位置、教室内部结构的格局、座位的编排方式、教室设备的配备等都是为特定的有目的的课堂教学服务的，以有效实现课堂教学目标为根本的追求取向。

（2）学校应充分挖掘与教学内容密切相关的教学工具与手段，使得学生身处充满教学意义的环境之中，耳濡目染，使历史学习融入日常生活、学习，使之成为习惯。

（3）完善学校校园网的建设，为师生参与网络教学配备相关设备。

（二）关注学生心理，优化教学心理环境

历史教学实践中观察发现，学生情绪的调动、学习积极性激发和维持，在很大程度上依赖师生的非语言交流，教师在课堂教学中的面部表情、眼神、肢体语言等，都会对学生的心理产生影响。

历史教学中，教师要善于运用非语言沟通方式营造教学心理环境，具体要求如下。

首先，重视面带微笑或者结合具体教学内容感情投入地讲解，教师还应用眼神鼓励学生、肯定学生，消除学生的紧张心理和对立情绪，表达教师的关怀与爱护，增强学生对教师的心理安全感和愉悦感，以促使学生积极配合老师、全身心投入历史学习。

其次，教师在课堂上要给予学生及时有效的反馈，包括及时给予学生有效的知识、表情、神态、肢体动作等信息反馈，能增进师生之间的情感交流，能使学生感受到被关注，能让学生感受到

教师的重视,对于调节课堂气氛、推动教学活动的开展具有积极作用,可促进整个课堂形成良好的教学心理环境,对此,教师应有所关注,一定不要在历史课堂上,一味地自顾自地照书讲解,不关心课堂中学生的心态与情绪变化,不与学生交流。

(三)构建和谐师生关系,活跃课堂氛围

对于学生来说,不同教师的教学领导方式与教学风格,会形成不同的教学心理环境及不同的学习效果。通常教师的领导方式有四种:强硬专断型、仁慈专断型、放任自流型、民主型。

教学实践中,民主型教师更受学生欢迎,此类教师的教学领导方式与教学风格更受学生欢迎和喜爱,有助于和谐师生关系的建设,促进师生积极沟通、互动。

此外在历史教学中,教师应重视"鲶鱼效应",调动学生积极性。在群体心理学中,将个别充满活力并具有竞争力的人加入群体中,使群体内部发生情绪改变,使整个群体充满活力,称为"鲶鱼效应"。[①] 教师要善于发现、培养、利用这样活跃的"鲶鱼",要重视班级中的历史学习课代表、班干部、历史爱好者的榜样带头作用的利用,通过他们带动全班学生,活跃课堂气氛。

---

① 陈月茹. 课堂教学组织与管理[M]. 济南:山东人民出版社,2010.

第七章　高中历史科学化
教学评价研究

　　高中历史教学评价对于了解教学活动的效果与目标是否实现会起到非常重要的作用。为此,确保教学评价的科学性直接关乎到评价效果的可靠性。本章主要对高中历史科学化教学评价相关问题进行研究。

第一节　教学评价概述

一、评价的基本概念

　　评价是对人们某项行为过程和结果的价值给予科学的判断,是一个综合计算、观察和咨询等方法的复合分析过程,是一个复杂的过程。评价的本质就是衡量评估对象的意义、价值或者状态的过程,是确定或者修订价值的活动。

　　评价是作为人类思考和认知过程的等级结构模型中最基本的因素。在人类认知处理过程的模型中,评价和思考是最为复杂的两项认知活动。它是对一定的想法、方法和材料等作出价值判断的过程,是一个运用标准对事物的准确性、实效性、经济性及满意度等方面进行评估的过程。总之。评价就是通过评价者对评价对象的各个方面,根据评价标准进行量化和非量化的测量过程,最终得出一个可靠的并且符合逻辑的结论。其中,所谓评价者,也称为评估人,主要是对某个对象进行评价的主观能动体。

评价运用到教育领域,也就是教育评价。教育评价遵循评价的一般原则,但有其自身的规律和要求。教育评价是以一个时期教育价值观或教育目标为依据,对教育活动、教育过程和教育结果进行价值判断,为提高教育质量和教育决策提供依据的过程,是对教育活动满足社会与个体需要的程度作出判断的活动。它兴起于19世纪中叶,到20世纪30年代,在泰勒原理的基础上得以发展。在西方,一般人们都把泰勒称为"教育评价之父"。

从以上对教育评价的定义可以看出,教育评价是一个过程,是一种有一定程序和系统的活动过程;教育评价以一定教育目标或一定教育价值观为依据;教育评价以对评价对象的功能、状态和效果进行价值判断为核心;教育评价以科学的评价方法、技术为手段;教育评价最终目的在于不断完善评价对象行为,提高教育质量,为教育决策服务。

"评价是一种价值判断的过程,但这种价值是多元的。"因为评价的方法、维度、功能等不同,教育评价类型多种多样。教育评价是以教育的全部领域为对象,它涉及教育的一切方面。从外部看,教育与政治、教育与社会、教育与经济、教育与文化等的关系需要评价;从内部看,教育体系、课程设置、教育内容、教育目标、教育方法、教育管理、教育质量、教师、学生等都需要进行评价。从教育评价的层次上看,根据教育现象的不同,教育评价可分为宏观评价(以一个国家或某一地区的教育为主要对象)、中观评价(以一个学校的办学水平和教育质量为对象)、微观评价(以一个学校内部的教育、教学、管理等为对象)三个层次。

针对教学活动作出的评价就是教学评价。教学评价是教育评价的分支,指依据教育方针、一定的教学目标和教学规范标准,利用所有可能的评价技术对教学作出的价值判断,以期改进教学工作。教学评价是整个教学工作的一个重要组成部分。

二、教学评价的对象和标准

教学评价以教学活动满足社会与个体需要的程度作为价值

判断的准则,是对教学活动现实的或潜在的价值作出判断的过程。这种价值判断不是单一性活动,不是对事物优劣好坏的简单判定,而是一个对特定教育现象复杂的、系统的考察与评判过程。评价也不是一次性活动,而是一个连续性的、动态的过程。

(一)评价对象

教学评价涉及的层面非常复杂。在评价对象上,不仅包括教师,而且包括学生;不仅包括教学设计的评价,而且包括教学的实施;不仅包括教学的手段和方法,而且包括教学思想和理念;不仅包括教学的内容,而且包括教学活动各环节的优化与否等众多方面。既关注目标达成的结果,更关注教学过程的价值;既关注现实的结果,更关注教学对学生持续发展能力的影响评价。

1. 对教师的评价

一个教师的教学状况,与其师德修养、理念价值、学识水平、素质技能等密切相关。我们对教师教学的评价,包括对教学过程即课堂教学的评价,也包括对其教学效果的终结性评价。从而对教学的状态、质量作出判断,同时可以对影响教学的原因作出分析。

2. 对学生的评价

学生评价,包括每个时段(如学期学年)在品德情操、学业成绩、体质状况、劳动态度和个性发展等方面的发展变化情况,也包括过程性的每天在课堂教学中学习状况的评价。

3. 对教学体系要素的评价

教学是诸要素的结合体。仅从课堂教学看,其主要元素除教师、学生外,还有课程、教学方法、教学环境、教育技术等。这些要素都从不同的角度以不同的方式决定着教育质量,都是教学评价必须考虑的因素。所以,教学评价的范围很广,从不同的角度就可以划分出不同的类型。按照侧重点不同可以划分为两个主要方面：教师教学质量的评价、学生学习质量的评价。再进一步细分，对学生的评价，可分为智力、学业成绩、人格德行等层面。

总之，教学评价的对象都在教学领域，它主要是对教师的备课、上课、作业批改、课外辅导、课外活动、教学成果及学生学习成长情况进行评价。理解教学评价这一概念，需注意把握四个特点：第一，教学评价是以教育方针、教育目标、课程目标为依据的；第二，教学评价是一个过程，它包含了一系列的步骤与方法；第三，教学评价是教学工作的一个重要组成部分，直接作用于教学活动的各个方面；第四，教学评价的最终目的，是用一定的价值标准对教学情况进行价值判断，以改进今后的工作。

（二）评价标准

新课程背景下的教学评价标准，其基本依据是学科新课程标准，是对教师的"教"和学生的"学"给予全面价值评估的过程。如果说教学是师生共同拓展智能和提升人文素养的最基本渠道，那么教学评价则是对这种基本渠道的实施与结果进行衡量和激励。因此，有效地进行教学评价，是新一轮课程改革的一项重要内容，也应该是新时期历史教师必须正视的实践课题。

建立起历史学科的学生学业评价体系，应该以课程标准为基础。2017年版普通高中课程标准规定各学科的学业质量标准是重要内容之一。"学业质量标准不是单纯基于学业水平测试而制定的表现标准，而是以学科素养为核心的规范性表现标准和实际表现标准相结合的产物。"[1]学业质量标准重视对学生学习活动应该达成的成果的设计、评价标准的设计和评价方式的设计。基于学业质量标准的学生发展性学业评价，可以准确地评价学生核心素养的达成程度，是实施学生发展性学业评价的重要依据，有利

---

[1] 杨向东.基础教育学业质量标准的研制[J].全球教育展望,2012(5):5-11.

于科学评价学生历史学科核心素养的发展水平,并促进学生核心素养的不断发展。①

三、教学评价的功能

教学评价的功能多种多样,如导向、诊断、鉴定、反馈、激励、发展、调控、选拔等,对这些功能在下面会有详细的阐述。过往我国教育界对其中的选拔功能最为看重,甚至认为教学评价的唯一功能就是如此。落实在行动中,就表现为许多教师将教学评价等同于考试,进而充分发挥评价的选拔功能。然而在新课程的背景下,应该一改过去的传统观念,转而更加注重对教学评价的其他功能,充分发挥其功能价值,为教学活动达成预期效果提供助力。

(一)导向功能

教学评价的导向功能有利于各级各类学校端正教学指导思想和办学方向。教学评价的基础为国家的教育方针、课程计划、课程标准、教学目标、教学任务和教学内容等,上述元素都是通过师生的教学行为落实的。因此,在教学评价中,就需要将教师和学生各自的行为区分开来进行,并制定出相应的评价标准,由此来判定教学活动是否符合教育方针和教学目标,以及是否完成了规定的教学任务。

(二)诊断功能

教学评价具有诊断功能,其是对教学效果及其造成这种效果的成因的一种分析过程。对于教学过程中出现的各种情况,都要进行成效、缺陷、矛盾和问题等的判断。其结果不仅有助于教师评估原先的教学目标是否能顺利达成,甚至还能解释教学效果形

---

① 洪丹青.基于学业质量标准的高中历史发展性学业评价研究[D].温州大学,2019.

成的主因。对于学生来说,教学评价的诊断功能也能让他们明确造成自身学校效果的原因。

(三)激励功能

教学评价对教师和学生的教学行为都会起到激励的功能。这是由于教学评价可以反映出师生教学的成果,因此,无论对哪一方而言,都可以起到促进和强化教育行为与学习行为的作用。充分发挥教学评价的激励功能,可以调动教师教学工作积极性以及激发学生学习的动力。教师利用通过评价得到的成绩可以对不同成绩的学生进行对应的表扬、鼓励或是合理的批评,其根本目的都是继续鼓励他们继续学习好历史这一学科。一些实践研究的结果表明,在合理限度内进行的能得出成绩的测验,会对大部分学生的学习动机有很好的激发作用。正面的、积极的评价会鼓舞师生双方的精神,以此使他们抱着抖擞的精神向更高学习目标迈进。而即使是较低的评价成绩,通过正确的利用,也可以起到激发学生斗志的作用,对他们在接下来的日子中继续学好历史学科起到推动和督促的作用。

(四)调控功能

教学评价具有调控功能,其原因在于评价结果的实质是对学习质量的信息反馈,这是教师调整教学诸元素以及学生调整学习方式的依据,如此更能达成既定的教学目标,也能知晓教学活动中采用的方法、手段和模式等是否真的对促进教学目标的实现有利。然后,教师根据评价结果修改或完善教学计划、选定教学方法等。学生也可以根据评价结果改变学生的学习方式和学习态度。

(五)竞争功能

教学评价最终会根据每名学生获得的成绩形成一个排名,当然这不是评价的唯一目的,然而排名的出现势必就存在结果类比。例如：最常见的是通过成绩进行学生间、班级间、教师间的横向比对，这种比较可以了解到教师、学生、本班、本学科的优势和劣势，以及与其他人的差距，明确自己在总体中的相对地位，给予自身一个前行的方向和目标。

（六）教学功能

作为教学活动中的一个重要环节，教学评价本身也自然带有教学功能。评价中最常使用的考试这一方式，就使得学生为了获得好的成绩而发奋学习。在考试过程中对材料进行比较和分析，而在考试后通过成绩反馈，可以验证自身掌握的知识是否牢靠和正确，如果有误，则需要对问题进行再思考，最终纠正错误。另外，经验丰富的教师还会在预估学生水平的前提下出具难度适当的测试题，这种有计划地安排考试能带给学生一些学习启发，培养学生凭借自己的力量发现问题、分析问题、解决问题的全面学习能力。

四、教学评价的原则

现代教育遵循的是"以学生为本"的宗旨，这使得"一切为了学生，为了一切学生，为了学生的一切"成为新时期教学评价体系建构的目标。在包括历史学科在内的多学科教学评价标准的制定、评价方法和工具的选择上，都需要在一定原则下开展。

（一）科学性原则

教学评价的结果是给予教学多方主体参考的客观结果，这一结果甚至是改变教学活动中诸要素的依据，因此其必须具有可信度与可靠性。为此，教学评价自然不能是随意进行的，而是必须建立在科学的基础上，需要有严谨的科学依据和方法。教学评价最基本秉承科学性的原则就在于其首先要尊重课堂教学评价规律，以科学教育思想理论为指导，遵循学科课堂教学的规律以及学生的身心发展规律,并且能够体现深化课堂教学改革的要求和学科特点。

既然开展教学评价工作,就需要建立起一套科学的评价指标体系。为此,要有科学的理论依据,其中每一个指标的设定都要有相对独立的、准确的科学含义。对于评价标准的确定,都要考虑到它的科学性以及在实践测评工作中是否具有可操作性。在评价过程中,所选择的评价方法也要科学合理,着重从教学过程入手,囊括日常的教学环节以及课后的作业批改等。对于在评价中收集信息来说,要做到全面、客观,确保信息的真实性和可靠性。只有当教学评价秉承科学性原则,评价活动及其结果才对反馈实践有实际意义。

(二)客观性原则

教学评价遵循客观性原则要求评价全过程都要抱着实事求是的态度操作,不要被过多主观因素所干扰,只有这样,评价结果才能真切反映教学情况。为此,在编制评价指标体系的工作中就要深入到实际当中去调查,如此设定出的评价标准才更能反映出教学情况。在评价过程中,测评者要对评价指标体系中的每项内容都有较为深入的了解,并对评价的各项工作要依标准进行。这个标准一旦确定,就成为了一种相对稳定的标准,不能轻易为某人某件事而改变。教学评价的客观程度决定它的作用是激励师生的信心还是打击他们的信心。由此可见,教学评价秉承客观性原则是非常重要的。

(三)多元化原则

教学评价的形式要秉承多元化的原则。评价的多元化突出体现在评价形式上,它除了要评价对象与内容,还体现在评价方法上。例如,对学生学习效果的评价形式不能只是卷面考试,还应该包括历史调查、交流访谈等多种形式。

教学评价遵循多元化的原则还体现在评价主体的多元化。

鉴于教学评价的根本目的是提高教学质量,为此,应该将更多评价的工作交给直接参与其中的教师和学生,鼓励他们开展对自我的评价,这会在一定程度上对提高教学质量带来帮助。除自我评价以外,学生间的互评和教师间的互评也是体现评价对方多元化的地方。特别是教师间的互评,可准确发现教师教学的优缺点,有利于明确今后的努力方向。总之,多元化的评价要求评价方式的多样,以及评价主体的多样,如此使评价结果更加具有说服力。

（四）目的性原则

教学评价是教学管理手段中的一种,可以说,教学评价活动是对教学活动的调控。教学评价的目的新原则是指在进行评价时始终都要朝向一个统一的目的。当决定了评价目的后,才能确定采用何种评价标准和评价方法。例如,对教师的评价目的在于增强他们的爱心、耐心和责任心,因此在选择评价标准时都要围绕这一标准进行。再举一个例子说明,对学生的评价目的在于了解他们的知识掌握情况,那么突出"双基"标准就成了评价的标准。由此可以看出,不同目的的评价有不同的侧重点。

（五）方向性原则

国家教育方针是教学评价的基础,通过教学评价可以不断纠正教学的方向,对教学中的各个要素及环节的评价,都要体现出相应的教学目标要求。

为了能够使教学评价与教学活动相结合,务必需要使评价目标等同于教学目标,并且要汇集教师的教和学生的学到一处,如此才能发挥教学评价对教学活动的调节作用。对于开展教学评价来说务必要做到全面,这里所谓的全面是指要能体现出教学要求的目标方向,注重对三维目标的整体评价,而不能只是对某一种目的有倾向性,如既要评价教师的教学,又要评价学生的学习状态;既要评价教学效果,又要评价教学过程等。总之,教学评价总是要在坚持正确的方向上进行。

（六）整体性原则

教学活动的主要目的是发展学生智力、心理、能力、品德等全面能力，它是一项教师与学生的双向互动行为。对于教学过程中涉及的师生、教材、设备等多方面因素，其本身会单独产生作用，并且还会与其他元素相互关联，彼此构成一定的影响，进而逐步形成教育的整体功能。如此一来，对于教学评价来说也就需要在关注到对个别元素进行评价的同时，还要注意从整体的角度对教学行为给予评价。为此，在确定教学评价的指标时就要做到立足整体地来分析各因素在教学中的重要性以及彼此之间的关系，从而确定具体的指标及其权重。在评价时，要注意教与学，传授知识技能与能力的提高和智力的发展，智能发展与情感价值观引领这三种主要关系处理得是否恰当。此外，还不能忽视教学安排是否符合学生的认识规律，教学的两大主体以及教材和教学设备之间的关系是否整体和谐。为了保证整体评价的合理性，一些评价要素的权重可以做适当调整。

（七）可行性原则

教学评价工作的全过程要紧密与教学的实际情况相联系，为此，所确定的评价方案、指标、方法等都要与之相适应。在编制评价指标体系时，要格外对教学的实际水平给予适当考虑，过低或过高的评价标准都起不到理想的效果。过低的评价标准难以激励学生向更高的台阶迈进，过高的评价标准又容易打击学生的信心。另外，可行性原则也要求教学评价的方法容易开展和操作。

（八）过程与结果统一原则

教学评价对教学的各个阶段来说都适用，它既能对教学结果做出评价，也能对教学过程以及教学中的各种要素进行评价。过往的教学评价更加关注对教学结果的评估，对学生的学习过程关注较少,如此强调的更多的是评价的甄选功能,对学生自我发展实际上是不利的,如此也没有充分站在以学生为主体的位置上考虑问题,学生的成绩只是用来评价教师工作成果的依据。课程改革之后对教学评价的积极影响为转变过去的教学评价思维,倡导形成性评价、面向学习过程的评价,更多关注学生的学习态度、学习兴趣、参与程度以及任务完成情况等。其改变的最大期待在于实现"以人为本"开展教学,使教师和学生在其中都能得到发展。

(九)评价和指导相结合原则

对于教学评价来说,指导称得上是它的继续和发展,将评价的结果用于指导,等于将其上升到了一个新的理论高度加以认识,并根据评价对象所具备的各种条件,使评价对象能明确和掌握自身在今后一个时期内的发展方向。

究其来看,教学评价的价值不光体现在检查出教师与学生在教学过程中的问题,还在于评价结果能够指导教学,进而形成一种"评价→指导→再评价→再指导"的周而复始的沿着科学性轨道发展的过程。

第二节　高中历史科学化教学评价的内容

一、历史课堂评价

(一)历史课堂教学评价的含义

评价,是从特定的目的出发,根据一定的标准,通过特定的程序对已经完成或正在从事的工作(或学习)进行检测,找出反映工作(或学习)进程的质量或成果的水平的资料或数据,从而对工作(或学习)的质量或成果的水平作出合理的判断。

教育评价,它是根据一定的教育目标,运用一定的科学手段,收集、整理并分析信息资料或数据,对教育活动、教育过程和教育结果进行价值判断,从而为教育决策提供依据的过程。它有四个基本特征:①教育评价=事实判断+价值判断;②教育评价是对教育过程及其结果的评价;③教育评价必须以教育目标为基准;④教育评价是评价者与被评价者的双边合作活动。教育评价的内容极其宽泛,包括教学评价、学校管理评价、教师评价、学生学业评价、课程评价等。

教学评价是教育评价的一个方面,它是以教学为对象的教育评价。教学评价是对教学工作质量所作的测量、分析和评定。它包括对学生学业成绩的评价,对教师教学质量的评价和进行课程评价。它在我国中学历史教学界的出现是 20 世纪 80 年代,之前,通常被称为"听课评课",其任务侧重于"课程管理",主要是用于检查教师的教学行为是否达标,达到什么水平,其目的是监督、规范和指导。20 世纪 80 年代以后,这一词被广泛运用,就其评价标准而言,主要是强调学生的学习主体性、能力和效果。

历史教学活动主要包括教学目标、教学过程和教学评价三个环节,三者之间相互依赖、相互制约,其中,教学评价能起到调控和反馈历史教学,并能帮助判断历史教学目标是否正确、可行的功效,历史教学评价可分为教师的授业评价和学生的学业评价两部分。教师的授业评价是根据一定的标准对教师的教学活动所进行的价值判断,目前,尚无一个完善的教师授业评价的标准、体系及机制,在具体的实践评价过程中,对教师授业的评价往往被教师学历、学生考试成绩、发表的论文、所获得的奖励等共性因素所取代。当然,随着课程改革的推进,大多数教师已经认可了在新课程理念下,教师的课堂授业应具备四个特征。

(1)课堂授业应是课程创造与开发的过程。课程不是死的,而是能被师生切身感受、体悟的。师生不是课程之外的,他们应是课程的必要组成部分,他们也应参与课程的创造和开发。教学不仅仅是课程的传递过程,更应是课程的生成与开发的过程。

(2)课堂授业应是师生交往、积极互动、共同发展的过程。课程改革要求师生互动交流、相互沟通。师生关系是平等的,教师是"平等中的首席"。通过教学,师生要形成一个互教互学、彼此相依的"学习共同体"。

(3)课堂授业应强调学生探索新知的经历和获得新知的体验。学习的过程是一个发现问题、分析问题、解决问题的过程,这一过程展示了学生的聪明才智、独特个性和创新成果。

(4)课堂授业一定要以人的发展为本,服从、服务于人的全面健康发展。课程改革极大地体现了人文关怀,为学生的终身发展奠基是课程改革的核心理念,教师的教学要关注每一位学生,关注学生的情感体验,关注学生的道德生活,促成学生高尚人格的修炼。

(二)历史课堂教学评价的作用

历史课堂教学评价与其他学科一样都是包含一系列评价步骤与方法的动态过程,这一过程指向预定的评价目标。评价者依据目标收集资料,经过对资料的分析后,形成定性与定量的价值判断。其作用包括以下几点。

第一,从教学管理的角度来看,历史课堂教学评价可以为决策者提供政策依据,并形成对教师的激励机制。国家对中学生在历史教育方面的目标要求,主要是通过历史课堂教学这一学校教育的主渠道来实现的。管理部门(如学校、教研单位)通过评价能了解教师的教学效果和学生的学习成绩。评价对教师和学生具有监督和强化作用。其意义在于促使历史教师按照课程标准的要求开展教学工作。这里的评价则具有评价与激励的双重作用。

第二,从教学研究的角度看,历史课堂教学评价具有研究收集信息,调控课堂教学过程的作用。课堂教学研究是教学研究的重点,通过评价课堂教学活动,可以探讨有关教学的许多重要问题,如课堂教学中的人际互动、教学媒体的使用,教学模式的实施或创建等。评价发出的信息可以使师生知道自己的教和学的情况,教师和学生可以根据反馈信息修订教学计划,调整教学行为,从而提高教学效果。

第三,对教师自身来说,能够起到提高自身业务水平的作用。历史课堂教学评价是每一个教师了解自己教学水平和特点,及同行之间相互促进以及选择教学方法、模式的过程。教师在参加自评与互评的过程中,学到的还有一种教学体验,即从一个新的角度观察与分析教师在课堂教学中的一切教学行为,从而为发现与纠正自身弱点,改进教学工作提供依据。

(三)历史课堂教学评价的类型与内容

1. 课堂教学评价的类型

课堂教学评价依据不同的标准可以分成不同的类型,根据布鲁姆的分类标准,按照评价的作用可将教学评价分为形成性评价、诊断性评价与总结性评价三种。

第一,形成性评价。是指在日常教学进行过程中,为引导该项教学达成预定目标,而对教学方法与程序及教师的教学行为进行的鉴别与分析。其目的在于及时指导教师改进教学方法,提高教学效率。

第二,诊断性评价。诊断性评价是通过适当的措施使教和学在各方面得到最佳结合的评价。主要是帮助教师检查教学过程中出现的问题,克服阻碍教学目标达成的困难,探讨教学效率不高的成因。诊断性评价可以看成是形成性评价的一种。

第三,总结性评价。总结性评价是以预先设定的教学目标为基准,对评价对象达成目标的程度即教学效果作出评价。其目的在于对教师的教学技能、态度与效果进行全面的、等级性评定。它是学校教学管理的重要内容,一般以一学年为时间单位进行评定。

2. 历史课堂教学评价的基本要素

评价作为教育教学过程的重要组成部分,对历史教学的意义重大。评价对教学过程的其他阶段有着或明或暗的指导作用,有什么样的评价方式和评价标准,就会有相应的教学方式,教学评价已被人看作是教学的"指挥棒"。许多国家对教学评价的内容有着不同的理解。对我国当前影响较大的依然是苏联教育家的评价理论,如巴班斯基将评价的指标分为八类。

(1)对新事物的接受(相当于新课题的引入)。

(2)教育分寸(主要指师生关系中的人际处理)。

(3)本学科知识处理。

(4)发展学生的思维能力。

(5)培养学生的一般学习技能。

(6)培养学习本学科的兴趣。

(7)以个别方式对待学生(即学生个性化发展的要求)。

(8)课外活动组织。

在当前的课程改革中,一些历史教育专家和历史教师借鉴国外先进的理论,并结合国内历史教学现状,对历史教学评价改革做了一些有益的尝试,当前,历史课堂教学评价一般包括下列要素。

(1)教学目标(目标的科学性与可行性、学生对目标的理解以及教学活动的目标指向性)。

(2)教学内容(对课程标准的理解、教科书分析、教学内容编排与设计等)。

(3)教学过程(课堂教学环节的整体设计、教学方法、教学手段的选择与使用、活动安排是否合理等)。

(4)教学活动氛围(课堂的气氛要严肃而不呆板,要活跃而不杂乱)。

(5)教学效果(学生学习的积极性、主动性,以及教学目标达成情况)。

(6)教师的基本素质(教学态度、语言运用、媒体运用)。

(四)有效的历史课堂教学的几个基本维度

现如今,我国在教育领域中的课程改革不断推进。针对课程进行的改革关系到整个教育改革的成败。为此,一定要首先明确与课堂教学息息相关的三个重要概念,即教学效率、教学效益和教学效果。一个可以被称之为"有效"的课堂教学应是这三项概念的和谐统一,彼此间不存在主次关系。课堂教学效率、效益、效果的三者并重这一教学观对应着三个重要问题,具体如下。

第一个问题是,教学行为是否有意义? 学生能否从中学到东西?

第二个问题是,教学内容是否能被学生普遍接受? 学生能够尽力投入到学习之中?

第三个问题是,为教学开展而投入的教育资源是否得到了高效利用? 学生是否在最短的时间内掌握到更多的知识或技能?

前面说到一个好的课堂教学应是教学效率、教学效果、教学效益三者的有机整合。具体到高中历史学科的课程来说,要想做到这三者的整合,关键在于把握如下五个维度,即教学目标、教学活动、教学能力、教学管理以及教学效果。

(1)教学目标。一个合理的教学目标必须是"脚踏实地"的,一旦这个目标脱离了学生的能力,那么就等同于空中楼阁,没有任何实际意义。新课标下的高中历史课本中设置的每一堂课的内容都较多,这就使得教师在制定教学目标时不能只将目光落在讲授课本内容上,而是应该多多考虑如何让学生充分吸收这些知识。为此,教师在设定教学目标时,需要对教材进行重组,使其实现知识与技能、过程与方法、情感态度与价值观等三维目标的统一,还使其兼顾好好、中、差三个层次的学生,力求因人而异地设定教学目标,避免"一刀切"式地给学生设定学习目标。

(2)教学活动。历史学科拥有其学科的特殊性,即需要厘清历史事件的来龙去脉,及其给后世带来的意义和影响。在过往的历史教学中,教师更关注学生对历史知识的掌握情况与理解情况,但普遍会忽略对学生自主发现问题和探究问题的指导。这样的话,学生的学习就成为了一种被灌输,被动接受和枯燥记忆的过程。尽管课堂上教师也会给学生提问,并且询问他们对某历史事件的理解和影响,但总体来看,这还是教师操纵下的一种带有明显指向性的引导,学生的思维实际上还是受到限制的。

新课标引领下的高中历史教科书改变了传统的历史教材的通史体例,变为了专题体例。体例上的变化一改过去历史教材过于重视连贯性而忽略历史事件中的丰富故事细节的状态,这会让学生更加对历史产生兴趣,对事件有更深刻的印象。

著名教育学家布鲁姆曾认为,如果每堂课的内容都有导言,尽管它可能会引发学生对学习内容的兴趣,但过多的导言也会使学生感到乏味。同理,过多的课程小结也失去了它存在的意义,主要为会限制对发散性教学的空间。对于历史这一学科来说,其包含众多内容,甚至每项知识下都自成一个体系,对历史的分类也会由于不同依据而有所不同。所以,不管对于哪类学生来说,都注定会有他们感兴趣的历史。在历史教学活动中,教师可以选择一个历史事件作为专题,引入鲜活的历史资料,创设全新的历史情境,再通过多样化的教学模式来达到充分调动学生的主动性、能动性和创造性的目的,如此让学生的主动学习行为占据大部分教学过程。

（3）教学能力。新课改形势下对优秀历史教师的要求除了要具备过硬的教学口才、敏锐的思维和渊博的历史知识外,还要能不断吸收历史学界的最新研究成果与新的历史观。此外,还更应具备现代教育的价值观、人才观和质量观。

我国著名教育学家陶行知先生认为:"好的先生不是教书,不是教学生,乃是教学生学。"简单说来,只有那些懂得如何教会学生学习的教师,才是新时代的优秀教师。因此,对于历史教师来说,在坚持教学的三维目标观的指导下,要正确选择和熟练使用多种教学手段,给予学生更直观的知识。另外,对于一些学生提出的问题和疑惑,教师要给予鼓励,鼓励他们敢于对问题提出疑问,并支持他们自己探寻问题,发现更加真实的历史。这实际上就是一种将"学会"转变为"会学"的过程,教师如此是一种"授之以渔"的行为,也更能让教师的"教"与学生的自主学习相融合。

(4)教学管理。要想开展良好的教学管理,需要有一个前提,那就是教师平等对待几十名学生,以最佳的平和心看待和处理学生问题。在历史的课堂教学上,人们普遍认为这是略带严肃的内容,理应是课堂上学生静悄悄,只听教师的讲授即可。然而,这种学生的思维被教师牵着走的情况已经越发不能符合现代教育的要求了。

现代教学理念要求对课堂教学的组织中突出学生的中心地位,至于判断课堂教学的有效性如何,还是要通过学生的学习成果来作为评判标准的。为此,就需要历史教师在教学中更多采用有利于学生学习的教学方式,努力打造一个健康、理想的学习氛围,鼓励学生发散思维、各抒己见,在相对宽松的氛围下共同研究历史问题。

(5)教学效果。长期以来,我国教育依赖用各种形式的考试的方式来作为教学评价的唯一方式,学生的考试成绩也就成为了评定学生是好是坏的一种标准。而对于教师来说,学生的考试成绩也是考量他们教学水平的标准。实际上,尽管考试成绩在一定程度上可以反映出教与学的质量,特别是能反映出学生对历史基础知识的掌握程度以及他们的历史思维能力如何,但是,考试的形式有限,考核的内容片面,无法考核对于学生来说同等重要的能力。所以,单一的考试形式局限很大,即便是需要考试,也应该采用更加多样的形式和灵活的方式。但无论如何,考试都要坚持这样一个标准,即是否有利于促进学生学习历史的主动性、创造性,以及提高学生历史学习兴趣。

另外,还有一个问题值得关注,那就是一节历史课能否让不同层次的学生都能有很大的参与感?学生在课堂上是否有开展自主学习的时间?学习的过程是否能展现出学生自身的能力?等等。如果上述几点问题都被关注到并且落实到位,如此的历史课堂才能称得上是"有效"的教学。

总之,对历史课堂教学进行评价要从下面两个基本点出发。一个是遵循教学规律,回归教学本质,这是以学生是否获得了全面发展和终身发展为判断依据的；另一个是落实新的课程理念，遵循学科规范，这是以学生是否转变了学习方式为依据的。只有在多方面综合下的历史教学，才能称得上是有效的，如果只关注某个或某几个方面都是不全面的。真正的有效课堂，教学过程始终应该保持在融洽的氛围中，如此才能以最少的时间完成既定的教学目标，体现出课堂教学的高效性。

二、历史学业评价

对学生的学业情况进行评价需要在依据一定课程目标的基础上进行，即对学生个体的学习进展和发展变化作出相对正确的价值判断。历史学业评价，是指在历史课程目标指导下的，对学生历史学习活动及其效果进行价值判断的过程，并为课程提供改进、完善与探究建议。历史学业评价是衡量历史教学是否有效的重要指标。学生历史学业评价的内容包括基础知识、基本技能、学习过程和方法、情感态度与价值观。

从不同的角度出发可以给历史学业评价进行分类。例如，以评价主体作为依据分类，可以分为教师评价、学生评价、学生间互评、教师间互评等；以评价目的为依据分类，可以分为选拔性评价、水平性评价、反馈性评价；以功能为依据分裂，可以分为形成性评价、诊断性评价和终结性评价等。然而不论分类依据是什么，对于评价仍然首先关注的是其科学性，然后是要坚持以促进学生能力提高和综合素质发展为目的。目前在实际当中，形成性评价、诊断性评价和终结性评价是最多被选择使用的对学生历史学业评价的方法。

（一）诊断性评价

诊断性评价是在教学活动开始前对学生的学习准备作出的初步评定。诊断性评价的作用在于预估教学计划是否能顺利、有效实施。问卷法、测试法和访谈法是诊断性评价中较为常用的方法。在日常历史教学中,教师给学生提出一些问题和检查留给他们的作业的完成情况,都是一种较为快捷、有效地检测学生对知识或技能掌握程度的诊断方式。

(二)形成性评价

形成性评价是教师为获得学生掌握知识的情况而对教学进行改进、调节和完善教学活动,以实现教学目标而进行的评价。几乎在整个历史教学活动中都可以穿插进行形成性评价,如在一学期、一单元、一课时等阶段结束时进行等。

形成性评价具有民主性、重视评价过程、教师为评价主客体、结论服务于教师专业发展等四大特点。

(三)终结性评价

终结性评价是针对某一阶段或某一学科的课程结束后开展的评价。该评价的目的在于给学生进行相对准确的分等,评判他们在这一阶段或在这个学科中学习情况的达标程度。结业考试和期末考试等就属于典型的终结性评价。

在终结性评价中,包括对基础知识、学习技能及学习方法等内容的评价。

第三节　高中历史科学化教学评价的方法

一、历史课堂的评价方法——听课

听课,是指教师借助自身感官或辅助工具直接从课堂教学情境中获得相关的信息的教学评价方法。为了做好听课工作,教师需要在听课前做好相应的准备,并认真聆听课程,在此之后还要对课程进行反馈。由此形成一个完整的、有效的听课过程。

（一）听课前的准备

听课前的准备主要有以下三项。

第一，确定听课的目的。听课前首先要明确听课的目的，即想听什么，听这堂课后想达到什么目的。事实上，不存在没有目的的听课，不论是想评价一个教师的口头表达技巧，还是评价教师的教学媒体选用，总归要有一个目的。作为非常重要的教学评价方式，课堂听课也应有制度、规范、目的、要求和计划。

第二，熟悉历史课程标准和历史教材。历史课程标准和历史教材都是对历史课堂进行教学评价的重要依据和载体。要想做好听课准备工作，首先就要熟悉这两方面内容。

第三，设计听课记录。听课需要做好听课记录。面对不同的课程类型以及听课需求，所需要做的听课记录也有不同的侧重点。常见的教师听课记录是由听课记录本和听课评价两个部分构成。

（二）听课的进行和反馈

1. 听课的进行

听课要保持认真的态度，将听、看、记、思相结合。听课并不是在于听到一个泛泛之讲，而是要在听的过程中充分动脑，并讲求听课的正确方法。

（1）听。听，即听取教师的讲课。听课者应着重听取的授课内容有教师的授课是否能体现新课程的理念、方法和要求；教师语言是否流畅，有亲和力和感召力；授课是否有重点、是否详略得当；教师的授课中是否存在知识性错误；授课是否有创新等。

（2）看。看，即看到教师的讲课。需要重点观看的内容有教师在课堂教学中发挥的主导作用，以及学生在课堂中的主体作用是否彰显。

（3）记。记，即对课程情况进行记录。在现代科技的帮助下，听课记录的方式除了传统的笔记之外,还有录音笔以及摄像机等设备予以支持。而记录的内容则是教学实录和教学点评。

(4)思。思,即为思考。听课者需要思考的问题很多,主要为教师对于这一教学内容为何采取这种方式讲解,如果从另一个角度入手是否可行? 效果如何;思考教师在授课过程中出色的点和不足的点;思考如果讲授这部分内容的是自己,自己会如何讲解,有什么亮点技巧;思考自己是学生,对该教师的课程讲授是否满意,是否能听懂;思考教师是否将一些新课程的理念、方法、要求融汇到了课堂之中;思考这节课是否能够真实反映教师的教学实际水平。

总的来说,只有在适当的时候选择正确的听课方式,将听、看、记、思等进行结合,才能从最全面的角度入手,且能更客观地了解一堂历史课的情况。

2. 听课的反馈

课程结束并不是听课活动完成的标志。在听课后,听课者还要积极参与评课工作,即对所听课程做出反馈。听课的反馈要本着实事求是的原则,以鼓励和提出积极性建议为主。听课后的反馈直接关系到听课的效果。听课结束后,听课者对教师的自评、学生的反馈以及其他听课教师的评价都应该认真记录。如果是多人听课,听课后的反馈需要有一个集体讨论的环节才能给出。另外,听课者如有机会,在课后还可以与讲授教师有所交流,这也是了解教师授课想法和思路的好机会。针对不同的对象要采取不同的语气和方式,如对经验不足的青年教师,要多讲鼓励,少讲批评,即便是提出建议,应重点在细节问题上,对问题的提出也应以建议的形式提出;对有经验的教师则可以指出授课中的问题,提出新的要求,如此鼓励他们的专业技能更加精湛。

二、历史学业的评价方法

对历史学业进行的评价应从指导思想和评价方法建议两方

面进行阐述。如此可以将历史学业评价分为课堂教学评价、单元教学评价、学期教学评价、学年教学评价等几种。针对不同教学阶段开展的评价都有其各自的评价目的、范围与方法。例如，针对课堂教学进行的评价就是考查一节课的教学目标是否达成；针对学期教学开展的评价就是考查学生经过一学期的学习，是否达到了学期教学目标。对学生历史学业的评价，其方法要灵活多样，摒弃过度依赖卷面笔试的考试方法的行为。实际上，除卷面笔试外，目前还有四种效果良好的评价方法可供选择。

（一）个人代表作品档案法

对学生个人完成的与历史学习有关的作品进行收集和整理，为学生建立起一个专门的档案，以此作为对学生历史学习进行评价的依据。所谓的学生个人历史作品，内容有经过学生选择的历史作品，也可以是那些能够反映学生历史学习成就的材料。如果这些作品上能有多方（教师、家长、同学、自我）的点评就更为理想。在建立此类档案时，要注意明确标定起止时间，一般按一个单元或一个学习主题为单位收集历史作品。历史学习档案应保留在特定的文件夹或档案袋内，也可以加在学生的历史学科笔记中。对于这个档案的建立来说，学生也是其中重要的制作者和资料提供者，教师要对学生制作档案进行一定的指导，并提出要求。至于档案的具体内容，需要师生通过协商来确定，最终这一档案的管理者是学生。

（二）观察法

观察法，是在日常开展的有目的、有计划地对学生进行的观察并加以记录，以对学生历史学习成效作出评价的方法。

在历史学习评价中使用的观察法主要有自然观察法、选择观察法和实验观察法三种方法。不论使用哪种观察方法，评价过程中都要做好完善的观察记录，方法主要为设计表格来进行记录。表格项目的设置要做到合理、科学和全面。这份观察记录表格可与学生档案一并放置保存。

(三)活动法

活动法,是通过开展各种活动来对学生的学习效果进行评价的方法。活动法中所开展的活动主要以学生自主活动、直接体验为基本形式。具体活动内容有历史知识竞赛、制作历史图表、参观、社会调查等。在活动中,学生可以感悟更加真实的历史,也更能获得新的认识和建立正确的历史观,同时,活动也能考查学生综合运用历史知识分析和解决实际问题的能力,这对他们提高历史学习兴趣也是很有帮助的。

(四)学生自我评价法

学生自我评价法,是在教师指导下,学生对自己历史学习成绩进行评价的方法。学生是最了解自己历史学习情况的评价主体,学生在学习过程中将自己的进步、成果及不足等点点滴滴加以记录,并在此基础上开展自我评价,可以更能加深对自己作为学习者的理解,有助于学生认识学习目标以及控制学习进程。

第四节　高中历史教学评价的发展与优化

在新的时代背景下,教育主管部门在制定高中历史课程标准时特别设置了"评价建议"的部分,这是对历史教学评价作出的更为明确的说明,特别是更加深刻认识到了对学生的学业评价方面改革的重要作用。

一、历史教学评价的新发展与新特点

总的来说,在新时代背景下的教育对历史教学评价要求呈现出一些新特点,如要转变过去注重量化评价的方式为重视发展性评价;评价功能从过于注重甄别转为注重发展;由注重评价中的个性化发展方式转为更为注重评价的真实性。此外,历史教学评价要更加朝着主体多元化、方法多样化及结果人性化的方向发展。其具体体现在以下三点上。

(一)重视核心素养评价

在学生学习方面,要更加注重落实知识与技能、过程与方法、情感态度与价值观的三维目标。课程标准要囊括记忆、理解和运用三个层次。在对学生学习成果的评价表述上也要使用更为清晰的动词。例如,对知识目标学习程度的表述要用"知道""了解""简述""概述"等动词;对能力目标学习程度的表述要用"分析""设计""制作"等动词;对情感态度与价值观目标程度的表述要用"增强""激发""理解""欣赏"等动词。

(二)以学业质量标准为导向

现代历史课程越来越重视学生的发展性需要,学业质量标准在一定程度上细化了教育目标,使教、学、评相互促进,是可操作的质量标准,对评价目标的制定具有指导作用。[①]

(三)评价更具操作性

相较于历史教学大纲,在制定课程标准中涉及的行为主体更多已经向学生倾斜,并且在对学生的学习成果及评价目标的表述上的语言选择,也更彰显了递进关系且具有更佳的操作性。

教学评价要做到评价的科学实施、发挥评价的效果,要注重历史教学评价的可操作性,否则,再好的教学评价方法、内容、标准都只能成为一种空想,无法实施的教学评价没有任何评价意义。

---

① 陈凯丽. 指向学业质量标准的高中历史作业设计[D]. 温州大学,2019.

二、历史教学评价的优化

(一)转变评价观念

历史教学是不断发展的教学过程,针对历史教学的评价也必然需要不断适应新时期与社会发展对历史教学的要求,更新与创新评价工作观念具有重要的现实意义。

(二)丰富评价方法

历史教学过程是一个复杂的过程,科学的教学评价需要多元化的评价指标,多种类教学方法的综合评价,如此才能做出全面、正确的评价。

(三)优选评价指标

科学的评价指标能确保历史教学评价的科学开展,否则就不能做到对评价对象的科学、全面、客观。

科学制订教学评价指标,具体要求如下。

(1)以评价内容为依据,分析、选择教学评价指标。

(2)分析评价指标的适用性,选择最佳评价指标。

(3)观察评价标准是否科学、合理、可操作,如有不妥,及时调整。

(四)丰富评价主体

科学的历史教学评价应尽可能多地选择教学评价主体,以更加全面地了解评价对象。

具体来说,在历史教学评价中,与历史教学相关的各身份主体都应该作为历史教学评价主体被考虑,如教师、学生、学校领导、专家学者、学生家长等。丰富的评价主体,有助于教师和学生从不同的角度与层面了解自己在历史的"教"与"学"中的进步与不足,以采取措施进一步完善"教"与"学"。

第八章　高中历史教师专业素养构成与提升

　　教师在教学活动中是处于主导地位的,教师专业水平的高低,会影响甚至在某种程度上决定着教学结果。因此,对于高中历史教学来说,认识高中历史教师专业素养的构成,并且针对性地提升其专业素养和专业能力,是取得良好教学效果的重要保证。本章所阐述的内容不仅包括以上几个方面,还增加了高中历史教学反思,以此来使教师在历史教学中不断完善自我,使教学水平得到有效提升。

第一节　教师在历史教学中的作用与地位

　　一直以来,和学生一样,教师都是教学活动的主体之一,但与此同时,教师还起到特有的主导作用。教师在教学中的地位和作用不言而喻。

　　当前,在社会政治、经济、科学技术的不断发展和创新下,教师事业的发展和改革迎来了新的机遇和挑战。随着教学改革的不断推进和深入,教学本身已经有了新的发展,为了与之相适应,学生需要学习新的知识和技能,这就要求教师必须转变自身对教学的认识,与时俱进,转变课程观、教学观,同时也使其角色有所变化,将其自身的地位进一步明确,也将其作用进一步扩展和充实,从而保证获得更好的教学效果。

　　具体来说,教学在历史教学中的作用和地位都是非常重要的,可以从以下几个方面得到体现。

一、学生学习和发展的促进者、引导者

传统的课堂教学将知识的传递作为侧重点,而在知识的传递过程中,教师所扮演的是知识的拥有者和传授者。然而,在知识经济的时代背景下,网络技术的广泛应用,使得学习方式发生了重大变革,学生越来越青睐和依赖网络学习的便利性、开放性、信息的丰富性等特点,这也就导致学生对教师的依赖性大大降低,学生获取知识的来源和途径多元化,不再是单一的教师了;另外,终身学习理念被提出,这就进一步拓展了教育的范畴,这不管是在内涵方面还是外延方面都有所体现,传统的教学方法和教学模式,已经无法满足现代教学的需求,因此,传授学生好的学习方法是现代教学的主要任务。要想与新课程与课堂教学改革的要求相适应,就要求教师必须实现角色转变,具体是指由单一的知识的传授者角色转变为学生学习和发展的促进者、引导者。

教师在历史教学过程中,作为学生学习和发展的促进者、引导者,其所发挥出的作用是帮助、服务的。教师要对学生的需求加以关注,尽可能地将学生学习的积极性和主动性调动起来,让学生意识到自己在历史学习过程中的主体地位,同时,教师还要为学生在具体的历史学习过程中起到一定的帮助作用,比如,学习和发展目标的明确方面,学生掌握科学的学习方法以及学生发现自己的潜能等方面,由此,使每一个学生都能获得适合他们各自特点的教学帮助,使每一个学生的潜能都能得到最大地发挥,从而实现个性化的发展。

在历史教学中,教师作为学生学习和发展的促进者、引导者,需要对以下几个方面事项加以注意。

(1)通过不同激励手段的运用来将学生的学习欲望有效激发出来。学生之所以能够积极参与到历史学习中,与其原动力有密切关系,而这主要是指强烈的学习动机和积极的学习态度,对于教师来说,其应该做的是创设丰富的教学情境,并将鞭策、激励、

赏识等手段加以应用来将学生的学习积极性充分调动起来,使学生最大限度地处于积极主动的学习状态,主动思考、积极探索,在自主学习的过程中获得身心的健康全面发展。

(2)对学生进行积极指导,并使其形成良好的学习习惯,在学习策略和方法方面也有熟练掌握。对于学生来说,良好的学习习惯和科学的学习方法是其终身学习需要掌握的重要基础性知识和技能,教师在历史教学过程中,不仅要为学生形成合理知识结构提供帮助,与此同时,还要使学生在学习方法方面能熟练掌握,并能对学习方法进行创造性地运用。这对于学生在今后的职业生涯中持续不断地学习和创造是非常有好处的。

(3)在历史教学过程中对学生的学习进行积极引导,使其能够自主发现问题,并将各种工具书、参考资料和网络资源等充分利用起来,以此来对学习中遇到的问题进行自主性解决。

(4)建立一个支持性的宽松的学习氛围。研究发现,学生潜能的开发与挖掘都是在心理安全和心理自由的基础上实现的。因此,教师必须努力创建一个具有接纳、理解、鼓励等特点的课堂教学氛围,通过支持、鼓励、赞许等肯定性的评价,来对学生在课堂上思维更加活跃、行动更加果敢、探索热情更加高涨起到促进作用。

二、教学资源的开发者、设计者

传统的课程计划、教科书以及教学参考资料和试卷都是由国家相关部门制定和编写的,教师在传统的教学中所扮演的是被动的执行者的角色。这就导致其丧失了教学主体的创造性特点,沦落为"教书匠"。而现代课程理论所持的观点与之是不同的,其认为课堂教学是由教师、学生、教材、教学手段和教学方法等众多资源构成的复杂系统,其中不乏预设资源与生成性资源、静态的资源与动态的资源,充分体现出了教师是课堂教学的主体,发挥出其根据课程目标合理开发、挖掘、整合校内外各种教学资源,实现资源间的"无缝"链接、有机融合,以充实、丰富课程和教材内容,实现课程内容与学生生活以及现代社会和科技发展的联系,让课堂教学始终充满生机和活力的重要作用。

在现代体育教学过程中,教师作为教学资源的开发者、设计者,需要对以下几个方面事项加以注意。

(1)转变旧有观念,不断更新知识,使自身的课程理论素养得到有效提升。教师要主动关注新的发展趋势,并且对新的课程理念和课程理论的宏观发展趋势进行积极研究,在课程意识和参与意识方面有所增强,加强各个层次的课程知识,改变课堂教学的实施以及良好师生关系的保持。

(2)要从学生的实际出发,来创造性地理解和使用教材。教材是教师实施体育课程教学的重要工具,因此,教师首先要根据学生的具体情况来选择与之相适应的教材,并且充分发挥自身的优势,更换教学内容、调整教学进度、整合教学内容等,从而使课程内容的针对性、趣味性更加显著,进而保证课堂教学的生机和活力以及良好的教学效果。

(3)对校内外教学资源进行进一步的开发和挖掘,并进行充分利用,使学生多样化发展的需求得到尽可能地满足。教材是教师可以挖掘和利用的一个重要资源,除此之外,还要积极寻找、识别和利用学校及其周围社区所具有的教学资源,开发本土化、乡土化、校本化的课程,使学校的课程内容更加丰富多彩,对学生的个性化发展也起到促进作用。

三、课堂教学的组织者、策划者

教师在传统的教学中所扮演的角色为课堂教学的管理者和领导者,其往往与学生之间有着严格的分界线,教师是高高在上的下达命令和传授知识者,而学生只能够无条件服从,充分体现了教师的权威性。但是现代新课程理念的核心则是"以生为本",充分体现出了现代体育课堂的开放性、交互性、生成性特点,课堂上师生之间所进行的是多向、开放、动态的对话交流，"不确定性"和"生成性"出现的概率更大，这就将师生的关系放到了一个相对平等的位置上，课堂"活"而不乱、"动"却有序。可以看到，教师的角色已经发生了转变，成为课堂教学的组织者、策划者，其主要通过营造积极的学习氛围，组织丰富多彩的教学活动，并与学生的实际情况相结合，把握课堂教学进度，为学生创造一种有助于探索交流的情景，引导学生主动参与到学习活动中，使学生在师生、生生积极互动及民主、和谐的气氛中快乐学习。

在现代课堂教学中，教师作为组织者、策划者，需要对以下几个方面的事项加以注意。

（1）以教学目标的要求和学生的实际水平及需求为主要依据，设计、组织、安排丰富多彩、合理有效的教学内容和教学活动，并以饱满的热情和情感去营造积极的学习氛围，引导学生主动参与到学习活动中来。

（2）教师是课堂教学的组织者、策划者，要充分发挥其课堂组织和调控能力，有效组织课堂教学的各个环节。实现对课堂上人、课程、手段、活动、时间、空间及目标等资源的有效调节和运用，使课堂教学的各个环节有序展开，真正实现整个课堂"活"而不乱、"动"却有序。

四、教与学的合作者

现代课程理论认为，课堂本身是作为一个系统存在的，且其具有显著的开放性特点，课堂教学是教师们在分工的基础上合作、并通过师生的交互作用实现共同成长的过程。这也就意味着平等对话，意味着共同参与。因此，教师的角色已经转变为"平等中的首席"。教师要认识到，自己和学生一样也是学习者，这种合作关系不仅是指教师之间，也指师生之间。

教师作为教与学的合作者，需要对以下几个方面的事项加以注意。

（1）要对教师之间的合作加以重视。教师的工作，从自身来说具有个体性特点；而从整体上来说，其又具有集体性特点。教师之间只有做好相互的交流和沟通工作，与其他教师做好教学工作上的配合，才能促使各个学科都获得良好的教学成果，对于历史教师来说也是如此。教师之间相互尊重、相互学习，形成一个团结、合作、互助的教师集体，在促进教学和教育方面都具有非常重要的作用和意义。

（2）与学生之间形成合作的关系。由于长期处于传统"师道尊严"思想的控制，教师一直处于高高在上的位置上，而现如今，现代课程教学要求教师走下来，成为教学活动中普通的一员，走进学生中间，和学生一起探究新知、研究问题，共同分享学生求知的快乐，成为深刻理解学生的观点、想法和情感特征的参与者。

（3）加强与家长形成良好的合作与沟通关系。除了学校、教师，家长对学生的发展也是非常关注的，这就要求教师与家长保持良好的交流和合作关系。这样，才能够更好地做到使校内外的教育力量形成"合力"，来积极促进学生的发展。具体来说，教师要与家长形成良好的合作关系，教师要尊重学生家长，虚心倾听学生家长的教育意见；除此之外，教师要与学生家长保持经常的、密切的联系，通过积极的沟通和交流使家长在教育要求与方法上与学校保持一致。

五、教与学的研究者

在之前很长的一段时间内，学校的教学活动和研究活动之间是彼此分开的两个活动。教师所从事的只是教学活动，而研究则是专家学者们的"专利"。这就导致了教师在研究领域只能作为"配角"对专家、学者起到配合作用。这种教学与研究的脱节显然是非常不科学的，不利于教学活动的进一步开展，也不利于研究工作的进一步探索。而当前，教育的改革发展对教师提出了新的要求,教师也可以成为侧重研究的"专家型"教师,这对于其本身教学活动也会起到积极有利的影响,可以以研究者的眼光审视和分析教学理论与教学实践中的各种问题,对自身的行为进行反思,对出现的问题进行探究,对积累的经验进行总结,进而形成规律性的认识。

在现代教学活动中,教师作为教与学的研究者,需要对以下几个方面的事项加以注意。

(1)在教学反思方面要进一步加强。教学反思,实际上是教师对自己的职业活动进行思考的一个过程。按教学的进程,可以将教学反思分为教学前、教学中、教学后三个阶段。每一阶段的反思目的和意义是不同的。教师在教学反思方面的自觉性,能够对教师形成自我反思的意识和自我监控的能力,有效促进教师的专业成长。

(2)以真实的教学情境为立足点,促使行动研究尽可能地开展。教育教学问题具有极大的实践性和情境性特点,在教学实践中,教师都会遇到各种各样的新问题,这就要求教师置身于教育教学的情境中去审视具体的实践活动,通过观察、反思、研究、实践,做出各种教学决策,进而科学合理地解决教育教学中的实际问题。

第二节　高中历史教师专业素养构成

作为一名教师,高中历史教师首先要具有一名合格的教师普遍应具备的基本素养,在此基础上,还要具备在历史方面的专业素养。关于高中历史教师素养能力的理解和认识,不同学者有不同的理解。比如,以《专业标准》作为重要依据,对高中历史教师的专业核心能力进行梳理与归纳为五个维度,即教学设计、课程资源开发、教学实施、教学评价、自我发展五项基本能力(图 8-1)。

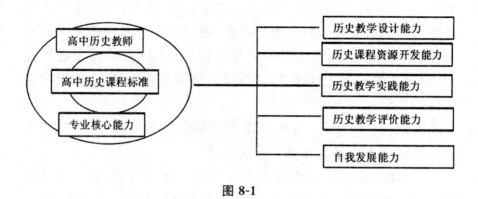

图 8-1

这里就高中教师所应具备的基本教学专业素养分析如下。

一、人格素养

对于教师来说,人格素养是最基本的素养,没有良好人格素养的教师,具有再高的知识素养与能力素养,其也不是一名合格的教师。

(一)性格开朗

通常,学生对性格开朗,和蔼的教师都是比较喜欢的,而比较讨厌严肃呆板的老师。历史的学习本身就是比较枯燥的,因此,性格开朗、平易近人的温柔的历史老师,能够在教学过程中赋予一定的乐趣,活跃课堂气氛,对学生的历史学习积极性是有积极调动作用的,取得的教学效果,通常也较为理想。

(二)关心学生

学生在学习过程中,都希望能够得到教师的关心与关注,这是所有学生共同的心声,他们都希望遇到的历史老师是关心和爱护他们的,但是,很多历史教师往往持有教好这门课程就行,其他的多一事不如少一事,对学生缺乏基本的关心,这就会使学生不喜欢教师,无法与教师打成一片,更会以此来产生对历史学科的厌烦，不利于历史教学的开展。

（三）认真负责

历史教师，通常认为自己的学科没有语文、数学、英语这些学科重要，在课前的备课、课堂教学甚至课后作业的批改上往往会持有应付、敷衍的态度，而学生希望老师的状态是认真负责的。实际上历史教师的时间相对是比较多的，这也就为历史老师认真地批改提供了足够的时间和精力，相比较最后的分数和对错而言，学生更加在意老师做的批注。

（四）重视德育

在历史教学中，教师要对学生的人格和道德品质进行相关教育。针对不同的学生，可以借鉴历史中不同的实例来对其进行引导和教育，比如，对于在生活中斤斤计较、胸怀不够宽广的学生，教师可以以西汉丞相陈平的事例教育学生。让学生认识到大度是一种品格，做到"忍一时风平浪静，退一步海阔天空"。如此一来，能够使学生对历史产生兴趣，也能起到良好的德育效果。

（五）公平公正

学生之间的差距是必然存在的，公平公正就是要求历史教师对后进生和优等生有一视同仁的态度，要保证优等生继续保持良好的学习状态，而进一步督促后进生努力跟进，并且给予积极的鼓励，尽可能地少用打击和批评。

二、专业知识素养

随着时代的不断发展和教学理念的不断更新，历史教师也要不断充实自己，在掌握教材和教学大纲规定的知识点的基础上，还要不断学习，树立正确的历史观，不仅要有"全球史观""文明史观""生态史观""近现代史观"，还要有"发展史观""纵横史观"。

学生希望学习到实用性,可思考性的教学内容。背诵记忆的那些结论性历史知识对学生未来成长来说到底有多大的实用性,这个问题是需要解决的,历史的最大功效在于启示性和可思考性,让学生去记忆那些已经定论的结果、定论的评价,对学生来说没有任何可思考性。所以这就要求历史教师要以学生的需要为依据,不断丰富和充实教学内容,更加注重讨论那些对学生具有启发性和思考性的教学内容,从而引起学生的思考,让学生得到启发。

历史教师还要进一步拓展自己的知识面,当前学生要求不仅仅掌握扎实的历史学知识,还需要政治学,地理学,文学,考古学,甚至数学天文学等相关的知识,而不是当前这种知识面只局限于本专业的现状。除此之外,教师还要引导学生对相关历史事件进行反思,让学生了解这一历史事件的成功之处和不足,并启发说出自己的看法。可见,要想达到良好的教学效果,历史教师需要博览群书,厚积薄发。

三、教学能力素养

历史教师的教学能力素养,是其专业素养的核心部分,具体可以从以下几个方面加以论述。

(一)思维开阔

学生希望历史课是有血有肉的,有思想有启发性的历史课。历史老师应该在不断的讲授过程中将历史的人文性和启示性体现出来。

(二)有趣味性

历史课给学生的第一印象就是刻板、枯燥,这就让学生产生了抵触和厌烦的心理,鉴于此,历史教师要想方设法改变学生的想法,去掉框框架架,改变死板的灌输,采用新颖性、可参与性的教学方式,使学生能够在参与中得到启示,获得知识。

(三)教学方法多样

历史教学的过程中要采用多种多样的教学方法,这样,才能给学生一个丰富多彩的历史课堂。新时期的历史教师要坚持读书与思考结合、学习与实践交融、工作与研究并重的方法和态度,在教育教学、教学研究、教学管理等方面都有所收获。历史教师可以采用历史情景教学法,创设历史情景,让学生亲身感受当时的历史环境,设身处地地思考历史问题;再有历史讲述法,讲述历史小故事,讲解历史事件,吸引学生注意力,引起学生思考。

(四)发挥导向作用

在历史教学中,教师不要一味地去生硬传授给学生固有的专业知识,而应该科学地指导学生的业余辅导,还有学习方法指导,做题方法指导,生活方式指导,情感价值指导,将其自身的指导作用充分发挥出来。

第三节　高中历史教师专业素养提升路径

一、提升历史教师人格素养的途径

(一)热爱历史教学

在高中阶段,历史课所占的时间相对比较少,历史教师在备课、批改作业和制作课件等方面都有较为充足的时间,同时也有一定的时间去进行自我知识的充实和能力的提升。

当前,不乏一些历史教师并没有全身心地投入到其工作中,有的只是进行对错的判定,然后打分写评语。但是,从新课程改革的要求上来说,历史教师应该以认真负责的态度对待自己的工作,对待自己的学科,对待自己的学生,而不是以任务的心态来对待作业,忽视了批改作业的最终目的。[①]

(二)尊重学生,平等对待学生

"师道尊严"观念已经在长时间内占据了人们的思想,认为教师应该是长辈,应该高高在上,教师的话不容置疑。对于历史教师来说更是如此。对于历史教师来说,他们希望利用威严和霸气来确立自己的权威,这样才能镇住学生,让学生怕自己。但是,通过对学生的调查发现,他们所希望的好老师标准却是和蔼、平易近人,因为这样的老师也能让学生感觉到温暖和喜爱,而不是害怕。鉴于此,就要求历史教师要不断提高自身修养和个人魅力,不能只会教书不会育人。中学生处于情感敏感时期,有很多的思考和情感上的困惑,希望历史教师能够和学生处于平等的地位,促进两者之间的交流,对学生持尊重态度。

(三)有效沟通,宽容理解学生

在教学过程中,学生对教师的期待是教师能够以良好的态度去进行教学,希望师生关系是和谐的,教学环境是良好的。可以说,在教学过程中,师生相处能力的重要性比历史教学能力重要性是要大一些的,这个是历史教师必须要注意的一点。师生关系成为当前一个重要的话题,师生矛盾越来越突出。因此,这就要求教师们必须学会换位思考,多一点尊重和信任,距离不一定产生美,师生之间需要多交流。要达到这一目的,可以从以下几个方面着手。

第一,在学生遇到困难和问题时,能仔细聆听学生的需求,并适当给予一定的关怀和帮助。

第二,对学生的意愿持尊重态度。

---

① 黄然.学生视角下的中学历史教师素养研究[D].河南大学,2016.

第三,不歧视犯错的学生。

第四,给犯错的学生改正的机会。

第五,在处理学生之间的矛盾时能做到公平、公正。

二、提升历史知识素养的途径

(一)了解历史,研究历史

对于高中历史教师来说,要想在知识素养上有所提升,应该借助最重要、最有效的途径就是不停地学习。历史知识更新速度比其他学科知识的更新速度要更迅速。因此,高中历史教师要不断关注学术动态,不断充实自己知识储备,不停学习读书,培养终身学习的习惯。

目前,很多教师不仅没有保持良好的持续看书学习的好习惯,更没有建立终身学习的理念,认为历史没有什么可学的,只要掌握书本知识即可,这是非常不科学的。

历史知识不会变,但对历史的评价和研究在变。因此,我们历史教师必须运用现代观念去再读中国通史、世界通史、断代史、国别史、古汉语以及史学理论等历史书籍。

(二)勤于思考,丰富学识

历史教师应熟读历史、了解历史、有正确历史思维与价值观,在此基础上,还应钻研历史,获取史学研究的最新成果,可订阅各种历史教育教学杂志,及时了解史学研究的最新动态、研究信息,只有这样才能在课堂上旁征博引,激活课堂。

在当今知识增长日益爆炸的终身学习的时代,最重要的不是单纯的知识积累,而是学会如何获得和掌握知识的方法和能力。为满足学生的需求和自身发展的要求,教师的专业知识的提升不仅是历史学科知识的提升,还应该包括相关学科的知识,如地理学、考古学等。除此之外,扎实的心理学知识,是良好教育素养的呈现。因此,高中历史教师只有不断进行教育心理学学习,才能为搞好高中历史教学奠定坚实的基础。

总之,高中历史教师要不懈读书、勤于思考和实践,不仅要埋头苦干,还必须与时俱进,以此来不断提高自己、发展自己,从而担起培养合格国家接班人的历史使命。

三、提升历史教学能力的途径

历史教学效果如何,不仅取决于学生这一主体,还取决于教师的专业能力,即历史教师的教学能力如何。所以,提升高中历史教师的教学能力也是至关重要的,具体的提升途径有以下几个方面。

(一)树立正确的学生观和先进的教学理念

学生会受到教师很多方面的影响,而影响最大的是教师的教学理念和教学思想。对于历史教师来说,其本身所具有的教学思想和教学理念,会在其教学过程中不断地渗透出来,对学生产生潜移默化的影响,而这种润物细无声的影响所产生的力量是非常强大的,且影响的持续性和稳固性非常强,很难发生改变,因此,这就要求历史教师首先要从自身出发,建立良好的教学理念和教学思想,对学生产生积极影响。

(二)不断提升信息技术水平,高效开发课程资源

当前,历史教学中已经越来越广泛地应用信息技术,并且这一辅助手段是不可被替代的,由此产生的影响也是不可忽视的。现代历史教学,所需要的不仅仅是教材、教参、教学挂图等传统教辅手段,新一轮课程改革对此提出了新的要求,即课程资源是面向社会生活的各个领域的,教材只是知识点,不再是唯一的课程资源。因此,对于历史教师来说,要建立课程资源数据库。历史学科的素材是丰富异常的,不管是历史图片、影视作品、考古成果

还是相关的史料、遗迹，都是很好的历史课程资源，也就是历史教学过程中取之不尽的素材。鉴于此，就要求不断提升我们自身的信息技术水平，这样，才能借助网络积累课程资源创造条件，从而改变的传统历史教学模式，提升教学水平。

（三）提升历史教学内容的丰富性

1. 充分利用当前史学研究成果，给学生耳目一新的感觉

对于之前没有听过的新命题，学生学习的认真程度会提高"历史课程仍然需要一定的趣味性，这种趣味性不能简单的故事式历史情节，高中生需要在历史学习中进行思考，体味思维带来的成就感和乐趣，具有较强的实用性和现实性才能激发学生的兴趣。"这就要求高中历史教师在教学过程中，不仅要重视趣味性，还要重视历史知识的逻辑性和规律性。

2. 增加历史与生活的联系性

要将学生学习高中历史的兴趣激发出来并加以提升，就需要在教学内容上增强趣味性，从而达到有效调节课堂沉闷的气氛，帮助学生更好地理解历史知识的目的。对于学生而言，他们感兴趣的不仅仅是历史的趣味性，还有历史的现实性。增加历史与生活实际的联系，使学生真正能够感受到"以史为鉴"的借鉴性和启发性。

3. 坚持反思，不断提高教学艺术水平

高中历史教学的艺术在于教师能够将历史画面生动地再现，将学生积极参与历史学习的兴趣充分调动起来，在参与过程中掌握所学历史知识。教学艺术在很多方面都有体现，比如，扎实的教学基本功方面，不仅包括优美的板书优美，漂亮的绘画，庄重大方的仪态，准确、清楚的表达，还包括坚持写教学反思、教育心得，形成个人的教学思想和教学经验。再如，丰富的课堂教学方式，

其所涉及的内容主要有组织教学、导入新课、捕捉生态资源、语言运用艺术、提问艺术等；充分的课前准备则主要包括深钻教材、了解学情、考虑教法、准备教具；驾驭课堂的能力所涉及的内容有：科学处理课堂信息、调动学生学习兴趣、反馈课堂信息、处理偶发事件、控制情绪等。

（四）保证运用教学方法的多样性

史料教学，是历史教学中所采用的最直接有效的教学方法，历史教师要注重史料在课堂上的运用，以此来对学生的逻辑性和严谨性进行培养和提升。史料的多样性也为历史教学提供了多种多样的证据，历史教师可以从不同的角度选择史料进行对比论证，使自己的结论更加有说服力。

史料教学，已经成为现代教学研究的热门话题，学术界也不断涌现出了大量的优秀研究成果，在历史教学中运用史料教学，能够使教学内容更加充实有说服力，培养学生学习兴趣、分析问题的能力，培养科学的历史思维。可以说，多角度的选取史料，正反史料对比分析才更加具有说服力。作为一名历史老师，要尽力做到论从史出，史论结合，没有证据就不要给出结论，而这也是当前历史教师做得还不够理想的地方。

四、提升历史教师素养的其他保障

教师工作的顺利开展，是需要为其创造一个良好的社会环境的，教师没有了后顾之忧，那么就能使其全身心投入到自己热爱的事业中。要想提升历史教师的专业素养，首先要在一些方面做好充分的保障工作。

（一）建立和完善学生参与的历史教师评价机制

对教师的评价，通常包括上级评价、平级评价和下级评价几种方式，具体来说，相对应的是学校对教师的评价，教师对教师的评价以及学生对教师的评价。因此,用对学生的评价标准——成绩去评价教师是非常片面和不科学的。另外,职称与教师的利益息息相关,而这样的评价机制竟然没有学生参与,与学生相关的还是学生的成绩问题,是不是一个优秀的老师,学生是有发言权的,但是现实中学生没有任何权利。因此,这就要求必须建立一个合理的评价机制,以此来鼓励教师有更多的积极性为学生服务,替学生着想。学校对教师的评价机制也要不断加以完善,大多数都是同行从公开课中,领导从教学成果上评价历史老师的教学能力。

总的来说,建立和完善学生参与的评价机制是非常重要且必要的。同时,还要求评价渠道和评价方式应该尽可能地多样化。

(二)提高历史教师福利待遇

历史教师的教学地位不如语文、数学和英语教师,在福利待遇方面会有所体现,但这是影响历史教师的教学态度。因此,要想使历史教师全身心地投入到教学中,就需要借助提高工资,增加教师的物质水平和职业满足感这一途径。另外,对于各地政府、学校和社会来说,他们只是希望教师默默付出,但是,教师也是社会人,有基本的需求。因此,必须提高教师的工资待遇,提升教师的职业认同,让教师热爱本行业。

(三)建立小班教学制度,便于师生交流

对学生的管理还不够系统和完善,其中仍不乏一些问题,这表现为在社会、学校通常是以学生的成绩为依据来对学生进行评价的,管理的目的在于提高学生学习成绩。而在一些地区为了节省教师成本,只保留了大班教学,但是,在这样的班级里,历史教师是很难兼顾到每一个学生的想法的,因此,就需要缩小班额,能够尽可能地照顾到每个学生。

(四)完善教育法律法规,使学生和教师的合法权利得到保护

当前,学生殴打教师的事件屡见不鲜,师生矛盾激化的案例

越来越多,教师的人身安全保障已经表现出了无力感,在这样的情况下,教师要注重对自己的安全和权利的保护,相关部门在相关法律法规方面也要想方设法尽可能完善。学校和相关教育部门也应该主动创造更多的学习机会,使教师参与的机会得到保证,以此来有效提升教师的专业技能和职业素养。做到不偏不倚,保证历史教师和其他学科的教师一样享受深造、交流和学习的机会,不会因为历史学科地位而受到冷落。

第四节　高中历史教学反思

一、历史教学反思的意义

历史教学反思产生的价值和意义,在历史教学过程中的各个因素上有所体现。

(一)有助于历史学科高效教学的实现

20 世纪中叶,有效教学的概念被提出,并且迅速深入人心,随即就有相关著作对有效教学的基本情况,以及有效教师的基本素质和基本技能进行了阐述。

人们普遍认为,历史教育是一门科学,其在教学方法上也是与其他学科不同的。目前,很多教师在实践中也在研究和建设有效课堂,总结出了一些卓有成效的方法,这些方法如果不加以思考,可能会仅仅停留在浅层次的经验上,当教学中出现新情况、新问题时,所采用的解决方案往往并不能取得理想的解决效果。因此,这就要求把教学反思理念引入有效教学中,通过"对思考的深入思考",充分认识、掌握历史教学的科学基础和科学研究方法,并将其运用到历史课堂教学中,实现有效和高效。

(二)促进历史教师专业化成长

随着教育形势的变化和历史课程改革的进行,历史教师为了与之相适应,就必须不断提升自身的专业技能和水平,达到这一目标,可以借助的途径有专业培训、教师自觉进行教学反思。因为教学反思可以使教师的教学克服随意性和盲目性,注意到教学目标、教学设计,使教学的科学性明显增强。

有很多历史教师在教学观念上存在这样的误区,即习惯用"经验主义"指导历史教学,运用自己多年习以为常的教学"套路"来应付那几套历史教科书,不但轻松,而且无风险,何需反思?真可谓经验主义"害死人",不仅误了自己,更影响了学生对历史的认识。经验主义历史教师缺乏思考和创新、故步自封、很容易陷入定式思维的泥潭,最终会使我们的历史课堂教学走向闭塞、缺少活力。

从实质上来说,教学反思就是实践认识论的体现,它使教师从经验型实践者逐步转变为专家型实践者。当教师的思考出现困难时,必然会寻求理论帮助,这样,教学反思对教师提升的促进,在技能以及理论素养方面都有所体现,由此,教师的专业成长进入到良性循环状态之中,通过教学反思这种重要手段,教师也就自然变成了反思型教师。

(三)为学生成长提供最大限度的帮助

教师是教学反思的执行者,教学反思的表面结果是教师专业素养得到提高,但是,教师专业素养的提高,会对其教学设计和实践能力产生积极影响,课堂教学也会因此而改进。不管是什么样的教学设计,其出发点和落脚点都是学生,教学设计课堂实践的主角是学生,教学设计效果评价的重点还是学生。因此,历史教学反思水平的提高,能够使教师从学生的历史学习出发,理性思考教学设计和教学实践的每个环节,这对于学生的学习和成长是非常有帮助的。

二、高中历史教学反思的基本原则

（一）科学性原则

在教学反思中，科学性原则的产生，是在我们深刻认识到中学历史教学本身就是一个在科学的过程中实现的。科学性原则，是确定中学历史教学内容的首要原则，这是毋庸置疑的，不允许随意、任意编写，必须在课程标准的引领下，与历史学、教育学、心理学的科学规律相符合。

在中学历史教学具体实施过程中都必须时刻遵循科学性原则，这在制定教学目标、选择教学方法、设计教学环节、进行教学评价等方面都必须体现出来，并且要与学生的心理年龄特征相符合。只有科学的设计方案、科学的教学过程，才能为实现教学目标提供必要前提，并根据科学方法进行教学评价，及时反馈、完善教学。

（二）有效性原则

教学反思的一个重要目的就是优化教学，通过多次"实践—反思—实践"的过程，将那些无效、低效的教学环节摒弃，探索并完善有效、高效的教学方法，从而使教学的有效、高效得以实现。在教学反思过程中是需要遵循有效性原则的。

可以说，有效性原则是一个整体教学原则，然而，只有注意到分环节的有效性，才能实现整体有效。在中学历史教学反思中，要与高中历史新课程改革的精神和目前高中历史教学中较为普遍存在的不足有机结合起来，从几个方面入手来反思有效性原则。

第一，要兼顾师生双方，反思是否实现了教师"会教"和学生"会学"。

第二，反思教学环境。反思的着眼点为"软件"和"硬件"两个方面。"软件"是指良好的学习氛围，而"硬件"则是指教学媒体等硬件的多样化和对不同历史学习内容的针对性。

第三,重视学习过程。让学生在学习过程中能够获取知识和能力,以及从历史学习中迁移出来的基本方法和有助于个体成长的人生理念。

(三)特殊性原则

学科教学在反思要求与做法上通常是相同的,但是,由于学科特点和学生、学段的不同,历史学科教学反思也就赋予了自身一定的显著特点,即特殊性原则。

历史学科本身就具有显著的过去性、具体性、时序性、因果性等特点。如果要进行相关的教学设计,就必须采用多种方法创设新情境,帮助学生克服过去性特点带来的学习困难,同时,强调论从史出,通过历史文献等学习资源的解读,总结历史发展规律,历史学科以其独特的人文色彩和教育功能,帮助学生观察社会和提供生活借鉴,实现知识迁移。因此,基于历史教学设计的反思必然涉及以上方面,呈现出的反思内容、重点和方法也是与其他学科有所差别的。

(四)批判性原则

这里对"批判"的理解,与"审视"较为相近。具体来说,是指通过对反思内容的逐一思考、分析,作出科学评判,保留积极有效的部分,而摒弃无效、无关的,从而使教学设计逐渐趋于完善。

成熟的教学策略对于教学任务的完成是有所助益的,而教学策略不可能一蹴而就,需要反复论证。批判性原则中,既有审视的部分,也有判断的部分,这两方面都属于其内涵的范畴。当我们排除主观色彩浓郁的情绪化,而是带着客观态度,根据教学设计的科学原理来对其进行理性审视,通过教学反思,发现和解决问题,着眼未来,谋求历史课堂的更好发展。

(五)实践性原则

从本质上来说,教学反思是一种思维形式,但是,其与纯理论地思考之间并不是等同的关系,而是起于实践,终于实践。

根据教学反思的基本过程,我们可以很明晰地看到,教学反思的问题是从教学实践中产生并发展的,教师对某一问题的解决过程及其方法总结,会运用到下一步的教学设计及其实践中去。离开实践的反思,或者说,纯理论的为了反思而反思,如果不与课堂实践相结合,其就没有存在的价值。因此,在高中历史教学反思中,也是需要遵循实践性原则的。

三、高中历史教学反思的基本形式

高中历史教学反思是通过一定的形式表现出来的,具体有以下几种。

(一)旁注

旁注是一种非正式的历史教学反思形式。旁注就是在教案、作业、试卷及试卷分析表旁边的空白处写反思。旁注的重点可以是教学的"细节",也可以是对作业批改或试卷分析的反思。坚持旁注有利于灵感的积累与"教艺"的提升,防止突如其来的感悟成为过眼云烟。

举例进行分析,在高三文科班复习时,教师按照教材顺序、考试说明给学生进行复习之后,在教案的空白处写下教师的一点思考:"学生在进行专题训练时,知识的整合与迁移能力较为欠缺,如何提高学生在此方面的能力呢?"思考着是否可以作示范,"比如关于英国的相关历史知识,必修课本和选修课本都涉及,而且都是考查重点"。实践教学中把英国史的相关内容划分时期,按照经济、政治、思想文化、科学技术、对外关系等方面归类,然后让学生课后自己归纳美国史、德国史等。学生经过自己的思考、内化,对历史知识整合与迁移的能力明显提升。

(二)教学日志

写教学日志,具体来说,就是教师把自己的教育活动用文字形式记录下来。这种教学反思的形式是非常简便易行的。教学日志的显著特点主要保留即时性、真实性、个性化、广泛性、细节化等，从中总结出自己的经验与不足，在促进教师专业化成长方面具有其他反思方式都不具备的优点。

一般地，教学日志都是当天记录的，以便进行鲜活的教学过程记载，由于记录者是教师本人，其亲历性使记下来的细节较为真实可信，使教学日志带上特有的个性化特点，这对于佐证有关经验和理论的实践价值是有所帮助的。

在历史教学实践中，通过对教学过程的反思，从多个角度去透视教学实践，有利于教学"风格"的形成。关于历史专题教学的教学反思日记记录，具体可参考表 8-1。

表 8-1　"20 世纪早期的中国现代化进程"的教学反思日志①

栏目	内容
教学事件的忠实描述	对文科班学生进行"20 世纪早期的中国现代化进程"的专题复习，今天复习的范围主要是"1912—1919 年的近代中国"。在教学过程中，主要是让学生跟着一起回顾历史史实，并做简单的分析讲解。我发现学生没有热情，只有当我点到某位同学时才打起精神。明显地，学生对今天的历史课教学没有兴趣
谈谈自己的看法，并提出问题	专题复习本是学生知识体系建构的良好时机，课堂时间也非常宝贵，为什么学生打不起精神，上课都昏昏欲睡呢？看来问题是出在自己身上，教学方式存在问题，这需要和学生沟通
提出改进的教学建议	在经过与部分学生交流之后，意识到简单的知识梳理已不能满足学生的需求，必须让专题复习内容充实、饱满起来，通过史料来引领学生自己分析，得出结论，再回归课本，这样就不会显得枯燥无味、炒冷饭了
后记：改进后的教学效果	在接下来的专题复习中，我搜集大量的史料，基本上重要内容都通过材料（文字、图片或图表等）解读，让学生学会分析问题、解决问题。学生不仅觉得自己真正发挥了历史课堂教学中的主体作用，而且能力也不断得到提高，知识的理解与记忆更为轻松了

① 史桂荣.教学反思助力中学历史教师的专业成长[J].中国西部科技,2013(2):107-108.

需要注意的是,教学日志不仅具有简便易行的优点,还有一定的缺点,比如不够系统,比较琐碎,需要进行阶段性总结与提炼。

（三）案例分析

教学案例,就是用叙述的方式,对教学实践过程中典型教学问题的解决过程与效果进行客观描述,并对此作出论述。案例分析法必须坚持的三个基本要素是问题、典型、思考。

教学案例具有叙事特点,但是,其与日常教学事务的简单叙述之间还是有所不同的,其对典型性和论述性更加重视,是实践的选择,是立足实践之后高于实践的理性思考。

此外,教学案例与论文之间也是有所不同的,论文的目的是说理,而教学案例则遵循从具体到抽象的思维方式,所记录的事件中,问题本身只是一个载体,重点在于对问题出现原因、解决方式和解决效果进行分析,这些分析思考都是在相关理论指导下进行的。

教学案例的素材是在教学实践中得来的,其有着非常广泛的内容,同时也使得这种反思方法的可操作性是比较强的。当然,写作教学案例对教师能力要求较高,需要具有一定的基本写作能力、教学教研经验、分析研究能力。从某种意义上来说,这些都会对教学案例的水平产生制约作用,换言之,就是对教学反思效果的发挥产生制约作用。

（四）教学后记

教学后记,就是教师在上完一堂课后,对整个教学设计的实施情况进行回顾、总结,并且将实施后的经验、教训和其他体会记录下来。

教学后记的内容基于教学设计与实践比较。教学预设与教学实际效果之间通常都是存在差距的,并且差距通常是比较大的,再完善的教学设计,也会不可避免地存在估计不到的地方,或者是教学过程中出现的偶发情况、干扰因素。因此,教学设计实践之后的反思至关重要,能够为教师根据课堂实践的反馈信息,在下一步的课堂教学中积累克服教学干扰因素的能力提供一定的帮助。

教学后记是对教学设计的整体思考,通过撰写教学后记,对教学设计在具体实施过程中的成功和不足之处进行全方位的思考,为调整教学和提升教学设计能力提供可靠依据,这对于加深对历史课程标准的领会、对教材的理解与整合、对适当教法与学法的选择等是有所帮助的。

(五)行动研究

作为一种常用的教学反思方法,行动研究将思考教学实践过程作为研究点,将"行动"作为其内涵的核心词,研究行动,在行动中研究,研究结果反作用于行动。

一般地,高中历史教学设计的行动研究的进行,应该按照特定程序操作,具体如下。

第一,以此前的教学评价结果为依据,来对班级学生在历史学习中存在的问题进行分析和总结,把分析结果与教学设计相结合,在课堂实践中,针对个别学生和典型问题进行观察。

第二,思考、归纳、整理观察到的信息,从中找出解决问题的方法,然后以此为依据,来适当调整和修正原有教学设计。

作为课堂历史学习的主体,学生的学习和成长是课堂教学最重要的目的,观察和总结不同类型学生的学习行为,对于学习方法的丰富和充实是有所帮助的,同时,还要注意减少无关因素,最大限度地尊重学生的个性化学习,为学生尽快实现课堂学习的有效和高效提供必要帮助。

四、高中历史教学反思的主要内容

教学反思的内容从宏观层面讲包括教师的教与学生的学。但历史教师所处专业阶段的差异,使得教学反思的向度也具有一定的倾向性特征。新手型历史教师可能更多的是关注教学内容的完成情况；入门胜任型历史教师可能在关注教学内容的基础上开始更多地关注自己"教"的水平；熟手型历史教师可能会更多地关注学生"学"的情况，反思如何根据学情制订合理的教学目标、选择恰当的教学内容与方法，并思考其理论依据；专家型历史教师更多地关注教学风格的形成。这些差异的划分不是必然的，他们之间的过渡是逐渐的、弥散的。不同类型的教学教师均具有不同的教学反思内容倾向，但无论何种类型的历史教师，在历史教学反思中都离不开以下几个方面的教学反思。

（一）对教学设计的反思

成功的课堂教学，是离不开成功的教学设计这一重要前提的，因此可以说，教学设计是教学反思的首要内容。教学反思需要遵循解决问题、注重实践性的基本原则，那么，在进行教学设计前，就必须以有关教育教学理论要求为主要依据，与自己教学中存在和有待解决的问题相结合，对教学难点和教学方法等方面进行适当调整。

进行历史教学反思，在教学设计方面需要从以下几个方面着手。

1. 设计理念

在设计理念方面，需要满足以下两个要求。

（1）教学设计必须在科学的教育教学理论的指导下进行，并且所突出的理论运用不能少于一种，同时，还要对其运用依据和主要环节加以说明。

（2）教学设计中要能够体现出一定的唯物史观和其他新的史学观点。

2. 教学目标

这里所说的教学目标，主要是指所制定的三维课程目标，即知识与能力、过程与方法、情感态度与价值观，具体如下。

（1）知识与能力方面，所要突出的重点包括：主干知识、脉络知识，强调创设历史新情景，培养学生的知识迁移能力，凸显历史学科论从史出的特点。而记忆过细的知识、与过偏知识点相关的评价环节都是可有可无的。

（2）过程与方法方面，以学习内容为依据，所突出的学习方法至少要有一种。大而无用的目标就不要再提了。

（3）情感态度与价值观方面，要将历史学科的人文特点和以史为鉴的教育功能重点突出出来，同时，以学生的实际情况为依据，设计与课堂学习内容紧密相关的教学目标，切忌"假、大、空"的说教。

3．教学内容

在教学内容方面的要求主要有如下两点。

（1）根据课程标准和学生情况，首先要将基本学习内容要求确定下来，在此基础上，再将深度、广度适当的学习内容确定下来。

（2）面向全体学生，将教学内容的层次性、多样性、针对性同时体现出来，对学生的个性化学习要求持尊重态度。

4．教学资源

（1）不仅要重新解读教材，还要突出教材的主要教学资源地位，并且将两者有机地结合起来。

（2）将社会发展与学生的生活实际有机地结合起来，以学生发展需求为依据，选择恰当的教学资源，为学生通过历史学习这个特殊窗口，观察社会和发展自我提供相应的帮助。

（3）对乡土教材进行充分利用，增加区域历史内容，把爱国主义教育、传统教育与热爱家乡的教育有机地结合起来。

5．教学方法

（1）以本校的教学设备配置情况为依据，充分利用现代教育技术，通过互联网、音频、视频等方式，最大限度地克服历史学科过去性的特点，减轻学生的学习难度。

（2）将师生学习共同体建立起来，课堂上将教师的主导作用和学生的主体作用充分发挥出来，对教师一讲到底的行为加以抵制；讲述时要综合运用多种教学方法进行。

（3）致力于师生积极参与、交流互动、共同学习的课堂建设，通过共识、共享、共进，实现教学相长和共同发展。

（二）对教学过程的反思

由于教学设计实践过程中学生出现的各种新问题需要处理，客观上需要教师在教学过程中迅速反思，拟定解决方法，并在课后专门对教学过程进行思考。因此，这就要求教学的实践过程中要从不同的角度进行反思，从而保证教学过程的顺利进行以及良好教学效果的取得。

1. 教学设计实践

整个教学过程基本是按照教学预设的方案进行的，但是，这与教学的不确定性和非预期性因素并不是等同的关系，而是这些因素的存在在客观上对教师提出了要求，即在进行教学设计时，应该尽量多地思考各种可能出现的情况，使教学反思更加趋于完善。

对历史教师教学反思能力的考验，主要是判断其能否在教学实践中出现意外情况时，及时反思、解决问题，创造性地启用预案，或者提出新的解决方法。根据课堂的情况来决定是进行适当调整还是继续保持现状。

2. 生成课程处理

生成课程，也被称为呼应课程，具体来说，就是在教师、学生、教材、环境等多种因素持续相互作用过程中，动态生长的建构性课程。

对生成课程的态度和处理方法，能够将教师的教学反思能力水平反映出来。对于一般的教师来说，他们可能采取的措施通常为，对学生提出的新问题尽量当堂回答或者采取小组合作讨论等方式来解决,对因特殊情况而不能当堂解决的问题,也会向学生说明情况,并在课后继续对学生的探究学习进行积极引导。

3. 互动性体现

历史课堂教学活动,是一种以学生为中心,以传授学生知识和技能为目的的多种、立体方式的互动,如教师与学生、学生与学生、学生与学习资源等维度让历史课堂充满活力。因此,在对教学实践过程进行教学反思时,有必要对此作出批判性思考。

互动性理论已经并正在对高中历史课堂的很多实践方法产生影响并使其发生某种改变,相应地,这种改变也一定会在教学反思的内容上得到体现。

此外,学生与学生、学生与学习资源的互动性体现程度,则对能否实现真正意义上的"自主、合作、探究"学习方式的落实产生直接影响。这就需要对学生的创新思维进行重点培养和引导,从而使课堂走出一本教材统领全局的状况,营造出良好的课堂氛围,这对于理想教学效果的取得是有帮助的。

4. 参与度体现

对于历史课堂教学来说,学生是处于主体地位的,其在很大程度上影响着甚至决定着课堂学习能否顺利开展,高中历史教育的最终目的就是促进学生成长,因此,如果要进行教学反思,就必须关注学生在学习中的参与度表现。

(三)对教学评价方式的反思

在教学活动中进行评价,是为了对学生学习历史的过程和结果有全面了解,对学生学习有激励作用,对学生的学业进步和全面发展以及教师教学的改善和教学质量的提高起到促进作用。因此,在反思教学评价时,必须把显性与隐性的指标结合起来,同时,还要在教学反思中赋予高度责任心,来保证教学反思的成效。

通过对教学评价进行分析,其本身具有显著的诊断性、激励性、调节性等特质,导向、鉴别、选择、反馈等功能与教学反思的要求是相适应的,并且教学评价所得出的结论往往能够成为教学反思的重要依据,并且以此为依据来确定教学反思需要重点关注的思考对象。因此,教学评价必须以课程标准为依据,与教学设计紧密结合,注重目标、教学和评价的一致性,坚持诊断性评价、过程性评价与终结性评价相结合,运用科学的、可行的、多样的方式,教师评价与学生自我评价、同伴评价相结合,量化评价与质性评价相结合的原则,对学生的历史学习过程和效果进行价值判断。

一般来说,教学评价所涉及的内容是非常广泛的,教学内容、教学方法、教学环境、教学管理等诸因素都包含其中,从教师根据教学设计进行教学反思、改进教学的目的出发,并考虑到可操作性。比如,对学生学习行为和学习效果的评价,所采用的评价方式就有三种,即即时评价、考试评价、活动评价,具体如下。

1. 即时评价

即时评价,就是实时评价,具有及时性、激励性、全面性、公正性等特点,这在高中历史教学中是经常采用的评价方式。这种评价方式往往会以肯定或者否定的方式,使学生能够对自己的学习行为加以调节,更好地完成学习任务。需要强调的是,即时评价的学习现象往往是无法通过教学设计预设而掌控的,因此,这就要求高中历史教师应具有敏锐的观察力。

高中历史教师对学生进行即时评价,不仅能关注学生在学习过程中的发展和变化,抓住历史思维或学习行为的闪光点,给予充分肯定,还能针对一些错误观点或学习行为,将其中的不足指出来,促使学生加以改进。

对即时评价进行教学反思是具有重要意义的,具体来说,即时评价的对象往往是部分或某个学生存在的学习特质,这一操作对于教师掌握面向全体学生与因材施教相结合进行历史教学的策略是有利的。

2. 考试评价

考试评价一直都处于争议状态，但是不可否认，考试这一评价方式是必须存在于教育界中的，这方面的发展不是改变考试的形式，也不是考虑怎样取消考试，而是如何克服试题的繁难偏旧，以及与其他评价方式的结合。

在新的教育形势下，教师对学生历史学习的考查内容有了一定的转变，已经不仅仅只考查历史的知识点，更注重学生是否能够对有关的历史信息进行有效的获取、处理和运用，对历史事物进行正确的分析和判断，对历史问题作出合理的、客观的解释。除此之外，学习方法、情感态度价值观也属于考查的内容。

对考试评价的教学反思，所包含的内容有两个方面：一个是试题评价，另一个是学业水平评价。这两个方面的考查要同时进行，采取的最佳措施就是针对学生的学习个体差异进行分析，积累、探索一些如何提升考试评价效果的策略。

3. 活动评价

相较于常规历史学习方式，历史活动学习方式是有自身独特特点的，通过情景表演、历史辩论等方式，对于学生学习的主动性、积极性的发挥是有利的，学生在与文化、学科知识的交互作用的过程中，除了获得知识外，还使其他素质也有一定发展，学生通过亲身体验获得直接经验，有利于培养学生解决实际问题的能力。如果能够在活动环节安排得当的课堂，所营造的气氛往往是比较和谐的，全班学生的参与度也会很高。

对历史活动学习方式进行教学反思时，首先要确定的一点，就是自始至终都要对"活动只是学习方法，是为实现历史学习目标服务的"有精准的理解和把握。这样，对于避开那些表面热闹的现象，直击问题所在，真正实现教学反思为教学服务的目的是非常有助益的。

参考文献

[1]赵玉洁.基于问题的中学历史教学研究[M].北京:科学出版社,2019.

[2]方勇.核心素养视阈下的中学历史教学设计[M].上海:上海大学出版社,2019.

[3]王德民.中学历史教学设计[M].芜湖:安徽师范大学出版社,2017.

[4]马卫东.历史教学概论[M].北京:北京师范大学出版社,2010.

[5]王姗姗.新高考方案下的高中历史教学[J].黑河教育,2019(9):27.

[6]朱汉国,郑林.新编历史教学论[M].上海:华东师范大学出版社,2008.

[7]陈辉.论清末普通中学历史课程设置[J].四川师范学院学报,1991(3):36-41.

[8]陈志刚,郭艳红.从历史学科特点析历史教学的本质[J].淮北煤炭师范学院学报,2007(3):133-135.

[9]于海雷.历史课堂教学的本质是人格教育[D].辽宁师范大学,2010:8.

[10]陈金花.追求历史教学价值 探寻课堂教学本质[J].中学课程资源,2014(4):52.

[11]卢慧敏.育人:中学历史教学的本质及意义[J].中学历史教学参考,2015(2):58.

[12]袁从秀.中学历史教学设计与案例研究[M].北京:科学出版社,2013.

[13]刘海燕.浅论历史教学的功能和课堂教学的发展趋势[J].中国城市经济,2010(11):190-191.

[14]杜芳,刘汝明.中学历史教学设计与案例研究[M].北京:科学出版社,2013.

[15]何成刚.历史课堂教学技能训练[M].上海:华东师范大学出版社,2008.

[16]万小燕.探究信息技术与高中历史教学的结合[J].课程教育研究,2019(50):174.

[17]肉先古丽·玉拉音.信息化条件下高校历史课教学的优化路径[J].教育现代化,2019(66):148.

[18]周静.多媒体在历史教学中的应用[D].华中师范大学,2019.

[19]廖守琴.现代教育技术基础[M].北京:科学出版社,2016.

[20]郑婷婷.基于精准教学的高中历史微课开发与应用研究[D].杭州师范大学,2019.

[21]陈月茹.课堂教学组织与管理[M].济南:山东人民出版社,2010.

[22]李秉德.教学论[M].北京:人民教育出版社,1991.

[23]巩清伟.探讨高中历史"自主学习"课堂的教学模式[J].中国新通信,2019(6):202.

[24]朱道禄.MOOC引领下中学历史课程多元化教学模式研究[J].现代商贸工业,2019(20):169.

[25]游树斌.PBL教学模式在初中历史教学中的渗入研究[J].课程教育研究,2019(47):58.

[26]方堃.高中历史教师核心素养自我提升的研究[D].江苏师范大学,2017.

[27]蒋洁.新课改背景下历史教师的专业素养摭探[J].成才之路,2019(20):23.

[28]黄然.学生视角下的中学历史教师素养研究[D].河南大学,2016.

[29]瞿贻珉.农村中学历史教师提升自身专业素养的途径[J].汉字文化,2018(13):112-113.

[30]史桂荣.教学反思助力中学历史教师的专业成长[J].中国西部科技,2013(2):107-108.

[31]史桂荣.内地西藏班历史教学要注重教学与教养的融合[J].西藏教育,2013(1):58-59.

[32]史桂荣.让"找茬"成为历史学习的一种方式[J].中小学教学研究,2016(3):55.

[33]史桂荣."简约"彰显课堂生命活力——以内地西藏班《美术的辉煌》观摩课为例[J].西藏教育,2013(5):27.

[34]杨向东.基础教育学业质量标准的研制[J].全球教育展望,2012(5):5-11.

[35]洪丹青.基于学业质量标准的高中历史发展性学业评价研究[D].温州大学,2019.

[36]陈凯丽.指向学业质量标准的高中历史作业设计[D].温州大学,2019.